신 성 자 선생님

당신은 사랑의 통로입니다

2013.6.16

이 기 복

이기복 교수의 성경적 부모교실

Biblical
Parenting
School

BPS 성경적 부모 교실(수정증보판)

지은이 | 이기복
펴낸날 | 2005. 7. 11.
63쇄발행 | 2013. 1. 4.
등록번호 | 제 3-203호
등록된 곳 | 서울시 용산구 서빙고동 95번지
발행처 | 사단법인 두란노서원
영업부 | 2078-3333 FAX 080-749-3705
출판부 | 2078-53477

▌책값은 뒤표지에 있습니다.
ISBN 978-89-531-1445-6 03230

▌독자의 의견을 기다립니다.
tpress@tyrannus.co.kr http://www.Durano.com

두란노서원은 바울 사도가 3차 전도 여행 때 에베소에서 성령 받은 제자들을 따로 세워 하나님의 말씀으로 양육하던 장소입니다. 사도행전19장 8-20절의 정신에 따라 첫째 목회자를 돕는 사역과 평신도를 훈련시키는 사역, 둘째 세계선교(TIM)와 문서선교(단행본 · 잡지)사역, 셋째 예수문화 및 경배와 찬양 사역, 그리고 가정 · 상담 사역 등을 감당하고 있습니다. 1980년 12월 22일에 창립된 두란노서원은 주님 오실 때까지 이 사역들을 계속할 것입니다.

이기복 교수의 성경적 부모교실

Biblical
Parenting
School

두란노

지은이의 말

우리나라에 복음이 들어온 지도 120년을 넘어서고 있습니다. 지금까지 우리 민족을 세계 선교의 도구로 들어 쓰시는 하나님께 감사드릴 뿐입니다. 그러나 이제쯤 점검하고 넘어가야 할 것은 우리 삶의 문제입니다. 뜨겁고 열정적인 믿음이 날마다의 생활 속에 구체적으로 적용되고 실천되는 '신앙과 삶의 일치 운동'이 그 어느 때보다도 요구되는 시기입니다.

진정한 영성은 교회 생활뿐 아니라 가정생활에서 가장 잘 드러납니다. 부부가 서로 사랑하고, 부모는 자녀의 인격을 존중하며, 자녀는 부모를 공경하는 가정은 성령 충만한 가정의 제일 큰 특징입니다. 믿음 있는 성도라면 가족 관계가 먼저 회복되어야 합니다.

하나님은 자녀 양육에 지대한 관심을 기울이고 계십니다. 우리의 후손들을 통해 하나님의 의와 구원이 다음 세대까지 영원히 이어지기를 간절히 원하고 계시기 때문입니다. "나의 의는 영원히 있겠고 나의 구원은 세세에 미치리라"(이사야 51: 8). 그렇습니다. 자녀 양육은 막중한 하나님의 사명입니다.

결코 소홀히 해서는 안 될 하나님 아버지의 마음인 것입니다. 그동안 자녀를 어떻게 양육해 오셨습니까? 성경적인 방법이었습니까, 아니면 세상의 이론과 추세를 따라 왔습니까? 하나님의 영광을 위한 것이었습니까, 아니면 자신도 모르게 세상의 허영과 자랑을 위한 것이었습니까? 하나님은 우리에게 "이 세대를 본받지 말고 오직 마음을 새롭게 함으로 변화를 받아 하나님의 선하시고 기뻐하시고 온전하신 뜻이 무엇인지 분별하도록 하라"(로마서 12:2)고 분명히 촉구하고 계십니다.

하나님 아버지는 성경 말씀을 통해

부모에게 당부하고 계십니다. "너희 자녀를 노엽게 하지 말고 오직 주의 교양과 훈계로 양육하라"(에베소서 6:4)고 부탁하고 계십니다. 또한 "마땅히 행할 길을 아이에게 가르치라 그리하면 늙어도 그것을 떠나지 아니하리라"(잠언 22:6)고 당부하십니다. 성경은 우리를 구원에 이르게 할 뿐만 아니라, 의로 교육하기에도 유익한 하나님의 말씀인 것입니다. 우리는 성경을 상고하고 묵상해야 합니다. 성경 속에서 어떻게 자녀를 사랑하고 훈계해야 할지, 그 지침들도 찾아내야 합니다. 이번에 출간되는 '성경적 부모교실: BPS'는 그동안 두란노 바이블칼리지에서 여러 해 동안 강의해 오던 부모 교육 프로그램 내용을 정리한 것입니다. 이 책은 소그룹으로 공부할 수 있도록 편집되어 있습니다. 이 교재를 가지고 교회마다 부모님들이 함께 모였으면 좋겠습니다. 자녀 때문에 고통받는 분들도 모였으면 좋겠습니다. 부모님들의 기도 운동이 불일 듯 일어나기를 소망합니다. 부부가 함께 기도하며 공부하는 동안, 가정이 회복될 것입니다. 그리고 우리의 자녀들도 반드시 회복될 것입니다.

성경 말씀대로 자녀를 양육하기만 하면, 우리 자녀는 결코 잘못되지 않습니다. 하나님의 사랑과 은혜로 자녀를 키우기만 한다면, 우리의 자녀들은 반드시 세상에서도 꼬리가 되지 않고 머리가 될 것입니다. 우리의 자녀들을 통해 하나님 홀로 영광받으시기를 기도합니다. 할렐루야.

2005년 BPS 부모들을 위해 기도하며

이 기 복

BPS 소그룹 ____이렇게 진행합니다

01 함께 ____________모이십시오

부모 여러분, 10명 미만 소그룹으로 모입니다. 부부가 함께하시면 더욱 좋습니다. 열린 마음과 배우려는 마음으로 모입니다. 자녀 사랑의 마음으로 모입니다. 모이면 서로 환영합니다. 나와 좀 다르더라도 조건 없는 사랑으로 서로 용납합니다. 모이기에 힘쓰십시오.

02 헌신을 ____________약속하십시오

앞으로 12주 동안 결석하지 않기를 결단하는 시간을 갖습니다. 12주 동안 BPS 클래스에 시간의 우선순위를 두기로 결단합니다. 그리고 그 주에 배운 내용을 한 주간 동안 가정에서 실천하기를 결심합니다. 그 헌신은 커다란 보상과 축복으로 되돌아올 것입니다.

03 수업 환경을 ________만드십시오

12주 동안 '성경적 부모교실'을 마스터하기 위해서는 수업에 집중할 수 있는 환경을 조성해야 합니다. 그러기 위해 아이들을 맡기고 모여야 합니다. 어렵겠지만 기도하면서 맡길 수 있는 사람을 찾습니다. 결국 자녀가 잘되기 위해서 하는 공부이므로 집중할 수 있도록 서로 노력해야 합니다. 또한 음식이나 마실 것에 너무 신경 쓰지 않습니다.

04 시간을 ____________지키십시오

시간을 지키는 것은 12주 동안 진행을 원활하게 도와줄 것입니다. 시작하는 시간을 지킵니다. 끝나는 시간도 가능한 한 지킵니다. 총 2시간 30분을 넘지 않도록 합니다. 2시간 30분이라는 시간을 나눔과 기도 시간에 적절하게 배정합니다. 시간 조정을 지혜롭게 운영하시기 바랍니다.

05 기도로 ____________시작하십시오

수업을 시작할 때, 간단한 기도로 시작합니다. 성령님께 오늘 수업을 인도해 주시도록 의탁하는 기도를 올려 드립니다. 시작 기도 당번을 정합니다. 시작하는 기도는 1-2분 정도로 짧게 합니다. 중언부언하지 않습니다. 남을 가르치는 기도도 삼갑니다. 짧게 기도하는 것도 훈련하십시오.

06 교재에 ____________충실하십시오

이제 교재를 읽어 나갑니다. 번갈아서 한 사람씩 돌아가며 읽습니다. 본문을 읽는 중 나눔이나 토론을 하는 것은 바람직한 권장 사항입니다. 나눔과 토론을 할 때는 각 만남 뒤에 '나눔과 토론'을 참조합니다. 하지만 이번 주의 주제와 상관없는 다른 주제로 뛰어넘거나, 세상 이야기로 빠지지 않도록 가능한 한 교재에 충실해 주시기를 부탁드립니다.

07 나눔은 짧게 ________마쳐야 합니다

나눔은 반드시 5분 미만으로 끝내야 합니다. 수업 진도를 위해 짧은 나눔을 훈련합니다. 수업 내용과 관련 있는 나눔만 합니다. 과거 이야기보다는 현재 이야기를 나누십시오. 다른 사람의 이야기보다 나의 이야기, 나의 자녀 이야기를 개방합니다. 또 혼자 많은 시간을 차지하는 것은 수업 운영에 많은 지장을 줍니다. 다른 사람도 골고루 나눌 수 있도록 배려합니다. 모두가 나눌 것을 권하지만 본인이 원치 않으면 다음 기회로 미뤄도 됩니다.

08 다른 사람이 말할 ____때는 집중하며 경청하십시오

다른 사람의 나눔을 깊이 경청해 줍니다. 중간에 끼어들지 않습니다. 다른 사람에게 가르치려 하지 않습니다. 사람은 누구나 자신의 마음을 표현하면서, 그리고 다른 사람의 이야기를 경청하면서 배우고 성장하는 것입니다. 다른 사람이 나눈 것에 대해서 사족을 달지 마십시오. 충고는 금물입니다.

09 자녀 자랑은 ________자제하십시오

나의 자녀에 대해 자랑할 것이 있어도 12주 동안은 자제합니다. 내가 자랑하면 자녀 문제나 아픔을 가진 사람은 자신의 문제를 내놓을 수 없습니다. 서로의 치유를 위해 자기 자녀 자랑은 자제합니다.

10 서로 나눈 이야기는 ___이 자리에 두고 가십시오 ___________비밀을 지키십시오

이곳에서 나눈 이야기는 다른 사람에게 말하지 않습니다. 서로의 비밀을 지켜 주는 것은 나눔의 기본 윤리입니다. 특히 다른 사람의 아픔에 대해서는 기도하는 마음으로 비밀을 지켜 줍니다.

11 중보기도로 _________마치십시오

진행자는 참석하신 분들의 기도 제목을 수시로 기록했다가, 마칠 때 함께 기도하는 시간을 가집니다. 그리고 12주가 지난 다음, 하나님이 어떻게 기도에 응답하셨는지도 기록합니다. 모임이 끝난 다음에 이 기도 노트를 살펴보는 것만으로도 큰 은혜를 받을 수 있을 것입니다. 모임을 끝낼 때는 다같이 손을 잡고, "하나님, 좋은 부모가 될 수 있도록 회복과 능력을 주시옵소서." 하고 기도합니다.

12 오늘 배운 것을 ______다음 한 주 동안 삶에서 실천하는 것이___________과제입니다

배운 것을 실천하지 않으면 소용이 없습니다. 작은 실천부터 시작합니다. 그리고 다음 주 모임을 시작할 때, 지난 한 주 동안 적용한 경험담을 짧게 나누고 시작해도 좋습니다.

*모임이 끝난 다음에 친교와 간식 시간을 가질 수 있지만 자녀를 위해 빨리 집으로 돌아갑니다.

CONTENTS

1

어떻게 시작할까

우리는 새로운 마음으로 자녀 교육에 대해서 배우고자 합니다. 특히 성경에서 자녀 교육의 원리를 찾고자 합니다. 성경은 우리에게 구원에 이르는 지혜뿐 아니라 자녀를 바르게 사랑하고 양육하는 방법까지도 구체적으로 제시하고 있습니다. 세상의 교육 이론은 시대와 문화에 따라 변하기도 하지만, 놀랍게도 성경의 진리는 영원히 불변하는 교육 이론을 제시하고 있습니다.

하나님의 눈으로 보기

첫 번 째

하나님의 눈으로 보기

만 남

introduction

자녀교육은 꼭 배워야 합니다

그동안 우리는 여러 가지 기술을 배우고 익혀 왔습니다. 요리를 배우기 위해 공부도 하고, 운전면허를 취득하기 위해 고된 훈련도 받았습니다. 그런데 막상 부모라는 막중한 사명을 맡았으면서도, 부모 역할에 대해서는 공부하지 않은 채 자녀를 키워 왔던 것 같습니다. 그래서 나름대로 자녀를 사랑했지만, 사랑이라는 이름으로 자녀에게 상처를 주기도 했고, 때론 그릇된 열심 때문에 자녀에게 무거운 부담을 주고 혼돈을 겪게 하기도 했습니다.

지금부터 새로운 마음으로 자녀 교육에 대해 배우고자 합니다. 특히 성경에서 자녀 교육의 원리를 찾고자 합니다. 성경은 우리에게 구원에 이르는 지혜뿐 아니라 자녀를 바르게 사랑하고 양육하는 방법까지도 구체적으로 제시하고 있습니다. 세상의 교육 이론은 시대와 문화에 따라 변하기도 하지만, 놀랍게도 성경의 진리는 영원히 불변하는 교육 이론을 제시하고 있습니다.

성경 속에서 자녀 양육 원리를 찾아내어, 그 성경적 원리를 실천하기만 하면 우리의 자녀는 반드시 훌륭하게 성장할 것입니다. 하나님은 재앙이 아니라 축복을 주기 원하시는 분입니다. 하나님의 모든 축복을 남김 없이 자녀에게 전수하는 부모가 되시기 바랍니다.

1. 성경적 인간관

모든 교육 이론과 방법론은 인간을 어떻게 보느냐 하는 인간관에 대한 견해에서 그 출발점을 달리합니다. 따라서 자녀 교육에 앞서 인간이 어떤 속성과 경향성을 지니고 태어났는지를 아는 것은 부모에게 매우 중요합니다.

그러면 성경적 인간관을 살펴보기로 하겠습니다.

1. 하나님의 형상입니다

성경에서는 인간이 하나님의 형상으로 지음받았다고 말합니다. 얼마나 축복된 말씀인지요. 우리는 동물과는 다릅니다. 흙으로만 빚어진 동물과는 달리 우리 인간은 하나님의 생기로 만들어진 존재입니다. "하나님이 자기 형상 곧 하나님의 형상대로 사람을 창조하시되 남자와 여자를 창조하시고 하나님이 그들에게 복을 주시며"(창세기 1:27-28).

하나님의 형상이란 하나님을 닮았다는 것을 말합니다. 진리와 거룩, 영원과 영생, 사랑과 헌신의 수준을 가지고 있다는 뜻이기도 합니다. 또 하나님과 교제하는 영적인 존재라는 의미입니다.

때문에 인간은 영이신 하나님과 교제하며 살아갈 때 가장 최고의 삶을 살 수 있습니다. 다시 말하면, 하나님 안에 거하는 삶을 살아갈 때 가장 성공적인 삶을 살 수 있다는 것입니다. 자녀를 진정 사랑한다면 육으로만 키워서는 안 됩니다. 자녀의 영적 교육을 소홀히 하지 마십시오. 자녀의 영혼에 하나님의 사랑을 넣어 주십시오. 자녀가 어릴 때부터, 그러니까 아직 부모의 영향력 아래에 있을 때 하나님의 말씀으로 가르치십시오. 그것이 자녀 성공의 비결입니다.

2. 죄성을 지니고 있습니다

그런데 하나님의 형상으로 창조되었던 인간은 자유의지를 잘못

for parents

정신적 엔트로피 법칙

불변하는 과학 법칙 중에 하나로써 만물은 질서에서 무질서로 향하는 것을 말합니다. 적용하면 인간도 가만히 있으면 질서와 발전보다는 무질서와 게으름으로 가려는 경향성이 있다는 것입니다. 이는 인간의 죄성과 타락성을 잘 설명해 주고 있습니다. 반대되는 용어는 네겐트로피인데, 엔트로피를 거스르기 위해서는 의도적인 에너지와 노력이 반드시 필요하다는 이론입니다. 즉 인간의 죄성과 타락성을 거스르기 위해서는 사랑과 훈련이 새롭게 투입되어야 한다는 것입니다.

사용했습니다. 하나님과의 교제를 스스로 끊어 버리고 불행과 저주를 자초했습니다. 그 결과 인간은 온전한 선을 행하고 싶어도 그 능력을 상실해 버렸고, 죄를 범하지 않으려 해도 여전히 죄를 짓는 죄의 성향을 지니게 되었습니다. 우리의 사랑스러운 자녀도 마찬가지입니다.

겉으로 보기에는 너무 아름답고 순수해 보이지만, 그 마음속에는 어쩔 수 없는 불순종과 죄에 대한 경향성이 내재되어 있음을 봅니다. "기록한바 의인은 없나니 하나도 없으며 깨닫는 자도 없고 하나님을 찾는 자도 없고 다 치우쳐 한 가지로 무익하게 되고 선을 행하는 자는 없나니 하나도 없도다"(로마서 3:10-12). 어린 자녀들을 보십시오. 가르친 적도 없는데 "싫어." "아니야." "내 거야." "미워." 하는 이기적 성향의 말을 곧잘 합니다.

인간이 지닌 죄성을 직시한다는 것은 일반 인본주의 교육 이론에서 주장하는 인간의 성선설을 인정하지 않는 것입니다. 우리 자녀는 죄성으로 인해 선함의 능력이 없다는 것을 인정하는 태도입니다. 흔히 부모들이 "우리 자녀는 원래 착했어요. 어려서부터 착했어요. 그런데 친구를 잘못 사귀어서 잘못된 길로 빠졌어요." 하고 하소연하는 것을 듣곤 합니다. 하지만 그것은 잘못된 친구 탓도 있지만, 그보다 더 근본적으로 내 자녀 속에 있었던 죄의 경향성에 대해 무지했거나 소홀히 여겼던 결과인 것입니다. "죄의 소원은 네게 있으나 너는 죄를 다스릴지니라"(창세기 4:7). 이 말씀처럼 인간에게는 죄에 대한 소원과 경향성, 즉 죄성이 있으며 그것을 다스려야 하는 것입니다.

자녀의 죄성을 인식하는 부모는 훈계의 중요성을 깨달은 부모입니다. 성경적 훈계는 자녀에게 선함과 이타심과 하나님을 경외하는 법을 어려서부터 의도적으로 반드시 가르쳐야 한다는 것입니다.

3. 세상에는 악과 유혹이 있습니다

우리 자녀 속에 내재하는 죄성만이 문제가 아닙니다. 세상에는 우리 자녀를 멸망시키려는 세상의 공격, 즉 어두움의 세상 주관자들과 악의 영들이 존재하고 있다는 것 또한 잊지 말아야 합니다. "우리의 씨름은 혈과 육에 대한 것이 아니요 정사와 권세와 이 어두움의 세상 주관자들과 하늘에 있는 악의 영들에게 대함이라"(에베소서 6:12).

의외로 부모들은 세상에 대해서 순진한 마음을 가지고 있습니다. 세상의 가치관, 매스미디어, 문화, 인터넷의 세계, 심지어는 학교에서 가르치는 진화론조차도 하나님을 대적하고 있음을 모르는 것 같습니다. 우리 자녀들을 파멸시키려는 악한 영들의 모략이 들어 있음을 철저히 인식해야 합니다. 자녀의 한 영혼을 놓고도 치열한 영적 싸움이 벌어지고 있음을 경각해야 합니다.

두려워할 필요는 없습니다. 우리 하나님 아버지는 만유보다 크시고 아무도 그의 손에서 우리를 빼앗을 수 없기 때문입니다(요한복음 10:28-29). 단지, 명심할 것은 신앙 교육을 나중으로 미뤄서는 안 된다는 것입니다. 때를 놓쳐서는 안 됩니다. 학교 공부보다, 세상 성공보다 더 중요한 것이 자녀의 신앙입니다. 이 말은 형식적 종교심을 심어 주라는 것이 아닙니다. 습관적인 교회 출석보다는 하나님의 사랑과 은혜를 알게 해 주어야 합니다.

또한 하나님의 말씀에 의거한 성경적 가치관을 자녀의 영혼에 먼저 심어 주어야 합니다. 거듭 말하자면, 세상의 그릇된 가치관으로 자녀의 영혼이 선점되기 전에, 영원한 가치관인 성경적 세계관으로 무장시키면 어떤 악과 유혹이 자녀를 공격한다 해도 염려할 것이 없습니다. 하나님 사랑을 자녀의 마음속에 심어 주기만 하면 자녀는 결코 인생을 함부로 살지 않습니다. 오히려 하나님 사랑 때문에 인생을 값지게 살 것입니다.

⚠ **여기서 잠깐** 나는 왜 자녀의 신앙 교육을 뒤로 미루고 있나요?

for parents

사탄의 제1계명

네 인생의 주인은 바로 너다.

하나님을 선택하라

"하나님은 계획을 갖고 계시고 마귀도 계획을 가지고 있으므로 어느 한쪽 계획에 동조할지 결정해야 한다."

-빌리 그레이엄

2. 부모가 명심해야 할 것들

우리 자녀들이 하나님의 형상을 닮았을 뿐 아니라 죄성을 지니고 있다는 성경적 인간관을 이해하셨습니까? 그럼, 성경적 자녀 교육을 시작하기에 앞서 몇 가지 명심해야 할 중요한 개념들을 살펴보고자 합니다.

1. 부모는 하나님의 청지기입니다

하나님은 우리 부모에게 자녀 양육을 의탁하셨습니다. 부모는 하나님을 대신해서, 하나님 아버지의 마음으로 자녀를 양육해야 합니다. "아비들아 너희 자녀를 노엽게 하지 말고 오직 주의 교양과 훈계로 양육하라"(에베소서 6:4). 하나님을 대행해서 자녀를 사랑하고 훈련시켜 하나님이 쓰시고자 할 때 온전히 내어 드려야 합니다.

따라서 자녀 양육은 부모가 갖는 특권임과 동시에 막중한 책임입니다. 자녀는 부모의 소유가 아닙니다. 하나님의 자녀일 뿐입니다. 우리는 그 청지기입니다. 자녀를 하나님의 일꾼으로 훈련시켜 준비해야 합니다. 자녀 양육의 사명을 잘 감당함으로써 주님께 잘했다 칭찬받는 부모가 되기를 바랍니다.

2. 자녀는 우리의 삶과 인격을 통해 배웁니다

자녀들은 우리의 삶을 보고 그대로 배웁니다. 자녀에게 말로만 가르친다면 자녀는 거짓과 위선을 배울 것입니다. 반면에 비록 말로는 가르치지 않아도 진실한 생활과 행동을 보여 준다면 자녀는 부모의 삶을 통해 진실함을 배우게 되는 것입니다. "형제들아 너희는 함께 나를 본받으라 또 우리로 본을 삼은 것같이 그대로 행하는 자들을 보이라"(빌립보서 3:17). 이를테면, 효도를 가르치려면 우리부터 부모님을 공경하는 모습을 보여 주어야 합니다. 감사를 가르치려면 우리부터 감사를 표현해야 합니다. 하나님 사랑을 가르치려면 우리가 먼저 하나님 사랑을 실천하며 보여 주어야 합니다.

참된 영성이란 생활에서 나타납니다. 교회에서만이 아니라 가정생활에서 영성이 가시화됩니다. 에베소서 5장 18절 이하를 보면 참된 성령 충만은 가정에서의 부부 관계와 부모자녀 관계에서 나타나는 것을 볼 수 있습니다. "자녀들아 우리가 말과 혀로만 사랑하지 말고 오직 행함과 진실함으로 하자"(요한일서 3:18). 이 말씀을 명심하기 바랍니다.

3. 자유의지를 손상시키지 마세요

하나님은 인간에게 자유의지를 부여하셨습니다. 우리를 로봇이나 동물처럼 창조하지 않으셨습니다. 그래서 자유의지를 가진 인간은 하나님과의 충심어린 인격적 관계를 맺을 수 있습니다. 물론 자유의지를 가지고 하나님을 거역할 위험이 있었지만, 하나님은 자유를 부여하셨고 우리의 인격을 존중하셨습니다.

이와 마찬가지로 부모도 자녀의 인격과 자유의지를 존중해야 합니다. 강요나 억압으로는 진정한 사랑의 관계를 맺을 수 없기 때문입니다. 강압적 지배로는 결코 자녀에게 사랑을 줄 수도, 자녀에게 사랑을 받을 수도 없는 것입니다. 진정한 사랑이란 대상의 인격과 자유의지를 존중하는 것에서 출발하는 것입니다.

4. 부모는 자녀의 자아상(self-image)을 그려 주는 사람입니다

자녀는 백지와도 같은 공백 상태로 태어납니다. 이제 부모는 자녀의 자아상을 그려 주는 화가와도 같습니다. 어떤 그림을 그려 주고 싶습니까? 부모의 무심코 던진 말 한마디에도 자녀의 자아상에 깊은 상처가 생길 수 있다는 것을 명심하십시오. 이를테면 "너는 귀하구나." "어쩜 이렇게 사랑스러울까." "사람들도 너를 좋아할 거야." "하나님이 너를 너무나 사랑하신단다." 하고 말해 주면, 자녀는 '나는 귀하고 사랑스럽다. 사람들도 나를 좋아할

for parents

자아상이란

자아상이란 자기 자신에 대한 인지적이고 정서적인 개념과 느낌을 말합니다. 자기 개념(self-concept)이나 자기 존중감(self-esteem), 자기 가치감(self-worth)과 호환되어 사용됩니다.
또한 자신감(self-confidence)과 함께 자아 성취와 인간관계에 있어 주요한 변인입니다.

for parents

거울 효과

부모는 거울과도 같습니다. 자녀는 부모라는 거울을 통해 자기 자신을 바라보며 그렇게 믿습니다.

거야. 하나님은 나를 너무나 사랑하신다.' 하고 굳게 믿으며, 건강한 자아상을 형성하는 것입니다. 그러면 나중에 20세가 넘은 다음에도 대인 관계가 좋고, 자신감도 있고, 실패를 두려워하지 않는 건강한 자아로 뻗어 나갈 것입니다.

반대로 부모가 "너가 너무나 마음에 들지도 않고 실망스럽다. 뭐 하나 잘하는 게 없구나. 누가 널 좋아하겠니? 하나님도 널 보면 실망하시겠다." 하고 말한다면, 자녀는 '나는 나 자신이 너무나 싫다. 실망스럽고 마음에 들지 않는다. 아무도 나를 좋아하지 않을 거다. 하나님도 나를 사랑하시지 않는다.' 하고 믿게 됩니다. 왜곡된 자아상을 형성하는 것입니다. 그러면 자녀는 마음속에 열등감, 무력감, 낮은 자존감, 수치감, 죄책감, 분노 같은 상처를 지닙니다. 그 상처 때문에 대인 관계뿐 아니라 하나님과의 관계에서도 여러 가지 징후를 겪는 것입니다.

BPS 부모는 자녀에게 성경적 자아상을 그려 주어야 합니다. 성경적 자아상이 가장 건강한 자아상이기 때문입니다. 그러기 위해서는 하나님 아버지의 마음을 가져야 합니다. 하나님의 안경을 써 보십시오. 하나님의 시각으로 자녀를 바라보십시오. 외모나 조건으로 바라보지 마시고 그 생명과 존재의 소중함을 바라보십시오. 건강한 자아상을 형성한 다음, 두려움 없이 세상으로 뻗어 나갈 수 있도록 자녀에게 던지는 말 한마디에도 깨어 있는 부모가 되시기를 바랍니다.

5. 가정의 중심은 자녀가 아니라 부부입니다

건강한 가정은 부부가 중심인 가정입니다. 가정의 중심에 자녀가 있으면 가정은 불건강해지기 시작합니다. 반대로 부부 관계가 견고하면 자녀는 저절로 안정감 있게 성장합니다. 자녀에게 있어서 부모는 자신을 보호해 주는 절대적 존재와도 같습니다. 때문에 부부가 반목하며 불화할 때 자녀가 경험하는 불안과 두려움과 상처는 이루 다 말할 수 없습니다.

어떤 여학생이 상담을 원해서 저를 찾아온 적이 있습니다. 문을 열고 들어서는 것이며, 자리에 앉는 것이며, 얼핏 보아도 태도가 거칠었습니다. 상담의 내용은 남자 친구와의 관계였습니다. 여학생은 그에 대한 분노와 미움을 끝없이 털어놓았습니다. 저는 슬쩍 부모님의 결혼생활에 대해 질문을 던졌습니다.

"우리 아빠는 사람들 앞에서도 엄마를 무시해요. 지난번에는 고모들과 친척 앞에서 뭐하나 잘하는 게 없고 못난 미련퉁이라고 엄마를 망신주잖아요. 나는 엄마를 무시하는 아빠한테도 너무 화가 치밀고, 무시당하며 사는 엄마한테도 화가 납니다."

여학생은 크게 화를 냈습니다. 저는 그 여학생의 자아상에 문제가 있다는 것을 알아차렸습니다. 부모님의 원만하지 못한 부부 관계가 그 여학생의 여성으로서의 자아상에 상처를 주었을 뿐 아니라, 이성 교제에도 민감하게 작용하고 있었던 것입니다. 만일 그 여학생이 그대로 결혼한다면 결혼 생활이 그리 쉽지 않으리라는 것은 충분히 예상할 수 있습니다.

자녀 앞에서 싸우지 마십시오. 자녀 앞에서 소리를 지르거나 이혼한다는 협박의 말을 하지 마십시오. 물론 폭력은 더 더욱 안 됩니다. 어린 자녀가 얼마나 무섭고 두려워할지, 자녀의 마음을 조금만 헤아려 주십시오. 부득이 논쟁할 일이 있을 때는 자녀가 없는 장소를 택하십시오.

아빠가 여성인 엄마를 아끼고 존중하는 태도를 보여 주신다면, 그 딸은 스스로 사랑받고 존중받는 여성상을 형성할 것입니다. 엄마가 남성인 아빠를 세워 주고 존경해 준다면, 그 아들은 존경받는 남성상을 형성할 것입니다. 또한 부모님이 서로 사랑하며 사는 모습을 보고 자라나면, 행복한 결혼과 가정생활에 대한 기대를 가질 것입니다. 이것은 변하지 않는 원리입니다.

자녀를 사랑하십니까? 그렇다면 남편을 세워 주십시오. 자녀가 잘 자라기 원하십니까? 그렇다면 아내를 존중하고 아껴 주십시오. 이것이 자녀 사랑의 시작인 것입니다.

6. 떠나보냄을 준비하세요

자녀 양육은 평생토록 하는 역할이 아닙니다. 자녀는 곧 우리 품을 떠나기 때문입니다. 우리가 생각하는 것보다 훨씬 빨리 떠나가기 마련입니다. 저의 두 자녀도 어느새 독립해서 우리 부부의 곁을 훌쩍 떠나 버렸습니다. 자녀와 함께 지냈던 순간순간이 얼마나 소중한 시간들이었는지 지금에서야 깨닫습니다.

자녀와의 아름다운 시간들을 귀중하게 여기고 마음껏 즐기십시오. 바로 지금 자녀와 행복한 시간을 누리는 것이 '떠나보냄을 준비하는' 첫 번째 태도입니다.

두 번째로 떠나보냄을 준비한다는 것은 자녀 양육의 시기를 놓치지 말아야 한다는 것을 의미합니다. 하나님은 곧 가나안 땅으로 들어갈 이스라엘 백성들에게 자녀 교육의 중요성을 강조하셨습니다. '건너가서 얻을 땅에서 너와 너의 자손들이 오랫동안 번영과 축복을 얻기 위함이니, 오늘날 이 말씀을 마음에 새기고 네 자녀에게 부지런히 가르치며 집에 앉았을 때든지 길을 행할 때든지 누워 있을 때든지 일어날 때든지 이 말씀을 가르치라' (신명기 6장)고 당부하십니다. 우리 부모들도 이 말씀을 잊지 말아야 할 것입니다. 왜냐하면 우리 품을 떠나 자녀가 살아가야 할 세상 역시 가나안 땅과 같은 곳이기 때문입니다.

더 늦기 전에, 자녀가 우리 품을 떠나기 전에 마음껏 사랑하십시오. 하나님 사랑과 능력을 심어 주십시오. 하나님의 진리로 무장시키십시오. 이것이야말로 떠나보냄을 준비하는 자녀 양육의 마음가짐인 것입니다.

나·눔·과·토·론

1. '자녀가 하나님의 형상이라는 것' 이 무엇을 의미하는지 생각해 보세요.

2. 내 자녀의 자아상에 이미 상처가 생겼다면 무엇 때문일지 생각해 보고 나누어 보세요.

3. 나 자신이 어렸을 때, 자유의지가 좌절되었던 경험과 그때의 느낌을 나누어 보세요.

4. 자녀를 향한 영적 공격을 실제로 체험한 적이 있다면 나누어 보세요.

5. 또한 영적 공격을 어떻게 대비하면 좋을지 나누어 보세요.

6. 떠나보냄을 염두에 두고 자녀를 양육한다는 것이 어떤 의미인지 나누어 보세요.

기·도·제·목

이번 만남을 통해 하나님께 올려 드려야 할 기도 제목을 적습니다.

Click point

BPS 부모는 전인 교육을 실천합니다

BPS 부모는 자녀의 영과 혼과 몸의 어느 한쪽으로도 치우침이 없이 균형 있게 자랄 수 있도록, 전인 교육의 중요성에 깨어 있어야 합니다. 아래 말씀을 자녀 양육에 적용해 보십시오.

"평강의 하나님이 친히 너희로 온전히 거룩하게 하시고 또 너희 온 영과 혼과 몸이 우리 주 예수 그리스도 강림하실 때에 흠 없게 보전되기를 원하노라"(데살로니가전서 5:23).

"예수는 그 지혜와 그 키가 자라가며 하나님과 사람에게 더 사랑스러워 가시더라"(누가복음 2:52).

1 몸도 건강해야 합니다

무엇보다 먼저 몸이 건강하게 성장해야 합니다. 신체가 건강하지 않으면 정신도 건강하기 어렵습니다. 흔히 영성이라고 하면 영적인 측면만 강조하기 쉬운데, 진정한 영성은 영과 혼과 몸이 모두 함께 건강해야 합니다. 자녀가 어릴 때부터 균형 잡힌 식사 습관을 갖도록 해 주어야 합니다. 지방을 과다하게 섭취하지 않도록 주의해야 합니다. 적당한 걷기와 운동을 통해 유익한 육체 연습도 시켜야 합니다. 요즘 어린이에게 과체중과 소아 당뇨 같은 질병이 많은 것을 봅니다. 공부도 중요하고 신앙도 중요하지만, 우선 몸이 건강해야 합니다.

2 건강한 정신을 갖게 해야 합니다

정신세계는 주로 지식과 생각이 지배하는 곳입니다. 요즘 세상은 지식의 홍수 시대입니다. 많은 지식은 쓰레기와도 같아서 우리 자녀의 정신세계를 오염시킵니다. 지식이 라고 다 지식이 아닙니다. "누가 철학과 헛된 속임수로 너희를 노략할까 주의하라 이 것이 사람의 유전과 세상의 초등 학문을 좇음이요 그리스도를 좇음이 아니니라"(골로새서 2:8). 자녀에게 바른 가치관을 심어 주어야 합니다. 성경적 가치관과 세계관을 가르쳐서 건강한 정신세계를 가질 수 있도록 도와주어야 합니다.

3 사람과의 관계를 중요하게 가르쳐야 합니다

인간관계가 좋은 자녀는 결국 성공합니다. 반대로 아무리 똑똑해도 대인 관계에 문제가 있는 자녀는 결국 사회에서 환영받지 못합니다. 요즘은 자녀가 한 명, 두 명밖에 되지 않는 경우가 많습니다. "생육하고 번성하여 땅에 충만하라"(창세기 1:28)는 하나님의 명령을 지키지 못하는 것입니다. 그 결과 우리 자녀들이 독불장군처럼 성장하는 것을 봅니다. 안타까운 일입니다. 자녀를 사랑한다면 공동체 훈련을 통해 이타성과 사회성을 길러 주는 것도 잊지 마십시오.

4 영성이 가장 중요합니다

BPS 부모는 하나님과의 관계, 즉 영성이 무엇보다 중요하다는 것을 인식하는 부모입니다. 또 하나님을 경외하는 것이 모든 지식의 근본임을 인정하는 부모입니다. 아무리 세상적으로 성공해도 하나님 앞에 겸손한 사람이 되지 않으면 소용이 없습니다. 자녀에게 건강한 영성, 전인적 영성을 훈련시키십시오. 즉 하나님을 사랑하고 이웃을 사랑하도록 가르치십시오. 그것이 자녀가 영원한 축복을 누리는 비결인 것입니다. "네 마음을 다하고 목숨을 다하고 뜻을 다하고 힘을 다하여 주 너의 하나님을 사랑하라 하신 것이요 둘째는 이것이니 네 이웃을 네 몸과 같이 사랑하라 하신 것이라 이에서 더 큰 계명이 없느니라"(마가복음 12:30~31).

상·담·코·너

Q 결혼 5년 만에 기다리던 아기를 가졌습니다. 이제 3개월만 있으면 아빠가 됩니다. 너무나 기쁘고 설렙니다. 그런데 한편 두려운 마음도 생깁니다. 좋은 아빠가 될 수 있도록 조언을 부탁드립니다.

A 먼저 아빠가 되신 것을 축하드립니다. 아기를 기다리면서 도움과 지혜를 구하는 겸손한 마음을 칭찬해 드리고 싶습니다. 배우려는 마음만 가진다면 분명히 좋은 부모가 될 것입니다.

만일 아빠 자신이 어린 시절 좋은 아버지의 모델을 경험하지 못했다면 더욱 두려운 마음이 생길 것입니다. 하지만 염려하지 마십시오. 이제부터 좋은 아빠가 될 것을 기대하십시오.

물론 아기가 어릴 때는 아빠보다는 엄마의 역할이 훨씬 중요합니다. 그러나 아기가 걸음마를 하고 놀이를 시작할 때부터는 아빠도 영향력을 발휘할 때입니다.

우선 아빠는 엄마가 아기를 잘 돌볼 수 있도록 아내에게 정서적인 지지와 격려를 표현해 주십시오. "사랑해요." "고마워요." 같은 마음을 표현하십시오. 아내를 많이 사랑해 주는 것이 아기 사랑의 시작입니다.

그리고 아이와 함께 놀아 줄 준비를 하십시오. 아이는 심각한 아빠보다는 재미있는 아빠를 좋아합니다. 때로는 우스꽝스러운 아빠의 몸짓에 아이는 깔깔 웃으며 행복을 경험합니다. 즐거운 놀이와 웃음은 자녀의 건강한 성격 형성에 양약이 됩니다. 아이는 어려서의 행복 경험을 저축 통장에 저금해 놓았다가 나중에 힘든 일이 있을 때 꺼내 사용하거든요. 자녀를 위한 보험에 드는 것보다 더 귀한 것은 아빠가 자녀 이름의 행복 저금통장을 만들어 주는 겁니다.

또한 아빠의 존재 자체가 아이에게는 든든한 안전과 보호의 상징이라는 것을 잊지 마십시오. 아빠는 가정의 울타리와 같습니다. "나는 좋은 아빠가 될 수 있다." 기도하는 마음으로 선포하십시오.

다시 한 번 아빠가 되신 것을 축하드립니다.

2

어떻게 사랑할까

부모의 조건 없는 사랑은 자녀의 건강한 자아상과 성장에 매우 중요합니다. 자신의 존재 자체가 있는 모습 그대로 충분히 사랑받고 있다는 확신을 심어 주기만 하면, 자녀는 어떠한 삶을 살아가든지 두려움 없이 마음껏 뻗어 나갈 것입니다. 부모의 사랑이야말로 자녀 교육의 가장 기본적이고 중요한 출발점인 것입니다.

잘못된 사랑 _참사랑

두
—
번
—
째

잘못된 사랑

만
—
남

introduction

자녀는 건강한 사랑을 경험해야 합니다

어느 날 밤, 20세가량 되는 앳된 목소리의 한 자매가 전화를 걸어왔습니다. 어렵사리 꺼낸 말은 "하나님은 과연 어떤 분이신가요?" 하는 질문이었습니다. 쉽게 답하기 어려운 주제이기에 "왜 그러한 질문을 하세요?" 하고 되물었습니다. 자매의 답변은 이러했습니다. 교회에서 "하나님은 사랑이시라"는 말씀은 많이 들었지만, 나를 기뻐하시며 따스하게 사랑하시는 분으로는 전혀 느껴지지 않는다는 고백이었습니다.

"단 한 번이라도 좋으니 하나님이 나를 진정 사랑하신다는 것이 마음에 와 닿을 수만 있다면 좋겠어요."

절규와도 같은 호소였습니다. 사연을 들어 보니 부모님은 교회에 열심히 출석하시는 장로님과 권사님이지만, 그 부모에게 따스한 사랑을 받아 보지 못했다는 것이었습니다. 그 자매의 마음을 충분히 이해할 수 있었습니다.

부모가 자녀를 잘못 사랑하면 자녀는 사랑에 목마르게 됩니다. 다른 사람을 사랑하기는커녕 자신도 사랑할 수 없고, 결국은 사랑의 근원이신 하나님도 만날 수 없습니다. 부모는 자녀를 사랑한다지만, 자녀는 부모의 사랑을 전혀 느끼지 못할 수도 있습니다. 이것이 사랑의 기술을 배워야 하는 이유입니다.

1. 잘못된 사랑이란 무엇일까요

사랑에는 건강한 사랑이 있고, 불건강한 사랑이 있습니다

자녀는 부모에게서 사랑을 흠뻑 받아야 합니다. 너무 당연한 이야기지만, 부모는 하나님을 대신하여 자녀에게 질 높은 사랑을 많이 넣어 주어야 합니다.

충분한 사랑을 받은 자녀는 자신을 사랑할 줄 알고, 그 사랑으로 다른 사람 또한 사랑할 줄 압니다. 그러나 사랑받지 못한 자녀는 늘 사랑에 목마르게 될 뿐 아니라, 자기 자신을 사랑할 줄 모릅니다. 그 결과 다른 사람을 사랑하는 것도 어렵습니다. 사랑받지 못한 자녀는 하나님의 사랑에 대해서도 확신하지 못합니다.

자녀가 부모의 사랑을 받으려고 애쓰고 노력하도록 만들어서는 안 됩니다. 사랑에 목마름을 느끼도록 해서도 안 됩니다. 어떠한 일이 있어도 부모가 '나'를 사랑한다는 신뢰를 갖도록 해 주어야 합니다. 나는 사랑받기 위해 태어난 존재라는 것을 확신하도록 풍성한 사랑을 전달하는 부모가 되시기 바랍니다.

대부분의 부모들은 자신들이 자녀를 사랑하고 있다고 생각합니다. 그러나 실제로는 사랑이라는 이름으로 자녀에게 상처를 주는 경우도 많습니다. 사랑에도 건강한 사랑과 불건강한 사랑이 있기 때문입니다. 애착 또는 집착은 진정한 의미의 사랑이 아닙니다. 소유하고 지배하는 것도 사랑이 아닙니다. 강요하고 조종하고 통제하는 것도 사랑이 아닙니다. 이러한 잘못된 사랑 때문에 자녀는 사랑에 대한 혼돈을 경험합니다. 불건강한 사랑은 자녀의 정신을 불건강하게 만듭니다. 부모 여러분, 당신의 자녀 사랑을 한번 점검해 보십시오.

잘못된 사랑은 상대방의 성장을 방해합니다

스캇 펙은 그의 책《아직도 가야 할 길》에서 "사랑은 자기 자신이나 또는 타인의 정신적인 성장을 도와줄 목적으로 자신을 확대시켜 나가려는 의지이며 행위로 표현되는 만큼만이 사랑이다. 사랑은 의지에 따른 행동이며, 의도와 행동이 결합된 결과이다."라고 사랑의 정의를 내리고 있습니다. 이를 다시 말하자면 진정한 사랑은 능력 부여 사랑(empowering love)으로써 상대방을 성장시키고 발전시킨다는 뜻입니다. 자녀를 사랑한다면, 자녀를 성장시키고 발전시키기 위해 의지적인 행동으로 사랑을 표현해야 한다는 뜻이기도 합니다.

생각해 보십시오. 나는 내 자녀를 성장시켰을까요, 아니면 성장과 발전을 저해하지는 않았는지요. 나의 사랑이 자녀에게 의지적으로 표현되었나요, 아니면 자녀는 지금도 나의 사랑을 전달받지 못해서 힘들어 하고 있지는 않은지요. 나의 자녀 사랑을 다시 한 번 점검해 봅시다.

⚠ **여기서 잠깐** 내 자녀 사랑 속에 불건강한 요소는 무엇일까요?

for parents

사랑을 심자

"사랑받고 있다는 것을 아는 사람은 한 조각 빵으로도 만족할 수 있지만 사랑받지 못한 사람의 갈급함은 어떤 보화로도 채울 수 없다."

–프랜시스 로버츠

"마음 깊숙히 사랑이라는 한 마디를 심어 주어라. 그리고 미소와 기도로 양분을 주고 어떤 일이 일어나는가를 지켜 보라."

– 맥스 루케이도

2. 잘못된 사랑의 6가지 유형

부모들이 사랑이라는 이름으로 자녀를 망치는 경우를 흔히 볼 수 있습니다. 다음에서는 자녀에게 능력을 주는 사랑이 아닌 잘못된 사랑의 6가지 유형을 살펴보겠습니다.

1. 과잉보호 사랑

과잉보호는 자녀를 성장시키지 못합니다. 과잉보호는 자녀를 나약하고 무기력한 존재로 만듭니다. 과잉보호를 받은 자녀는 내가 무능하기 때문에 부모가 나를 믿지 않는다고 느낍니다. 자녀는 때로 실수를 통해 배우기도 해야 하는데, 과잉보호는 실수할 기회조차 주지 않는 것입니다. 어차피 인생은 모험과 어려움으로 가득 차 있기 마련입니다. 부모가 평생 따라다니며 어려움을 막아 줄 수는 없는 일이 아니겠습니까? 자녀를 진정 사랑한다면 어려움을 스스로 극복하도록 강하게 키워야 합니다. 자녀를 평탄하고 안이한 길로 가도록 하기보다는 고난에 직면하고 이길 줄 아는 강한 자녀로 양육해야 한다는 것입니다.

그러기 위해서는 밥을 먹여 주기보다는 스스로 먹도록 기회를 주고, 옷을 입혀 주기보다는 스스로 갈아입도록 기다려 주며, 무거운 것을 들어 주기보다는 스스로 들어 보게 하고, 지나치게 도와주기보다는 어려운 과제를 스스로 해결할 수 있도록 격려하는 분위기를 만들어 주어야 합니다. 이것이 자녀를 성장시키는 사랑입니다. 자녀가 부모만을 의존하는 나약한 존재로 키우지 마십시오. 인생의 과제를 스스로 풀어 나가는 강한 자녀로 키우십시오. 그것이 진정한 사랑입니다.

2. 무절제한 사랑

해 달라는 대로 다 해 주면 자녀는 잘못된 길로 가게 마련입니다. 흔히 부모들은 아직 필요를 요청하지도 않는 자녀에게 미리 알

for parents

사랑이란

"나는 정신과 의사로 일하면서 겪은 임상적 경험을 통해 이러한 결론에 도달했다. 일반적으로 환자들은 사랑의 정의에 관해서 매우 혼란을 느끼고 있다. 예를 들면 어느 소심한 청년이 나에게 이렇게 말했던 적이 있다. '어머니는 나를 너무 사랑해서 내가 고등학교 졸업반이 될 때까지 버스를 타고 다니지 못하게 했답니다. 내가 다칠까 봐 매일 학교까지 데려오고 태워다 주느라 퍽이나 힘드셨을 것입니다.'"
– 스캇 펙, 《아직도 가야 할 길》

맥아더 장군의 기도

원하옵나니 자녀를 평탄하고 안이한 길로 인도하기보다는 고난과 도전에 직면하여 분두 항거할 줄 알도록 인도하여 주옵소서. 그리하여 폭풍 속에서 용감히 싸울 줄 알고 패자를 관용할 줄 알도록 가르쳐 주시옵소서.

아서 물건들을 장만해 주곤 합니다. 미리 자전거를 사 주고, 장난감을 사 주고, 컴퓨터도 알아서 사 줍니다. 그런 자녀는 물건의 소중함도 모를 뿐 아니라, 감사하는 마음도 배우지 못합니다.

사랑에도 절제가 필요합니다. 사 주고 싶어도 절제하십시오. 자녀가 요청할 때까지 기다리십시오. 자녀가 필요한 물건을 요청해도 금방 사 주지 말고 조금 시간을 두었다가 사 주어야 합니다. 이때 자녀는 만족의 지연도 배울 수 있고 진정한 감사도 배울 수 있습니다. 절제하지 않고 자녀를 키우면 무절제한 자녀가 된다는 것을 명심하십시오.

for parents

성령의 열매

성령의 9가지 열매 가운데 마지막은 절제(self-control)입니다.

3. 권위 없는 사랑

권위 없는 부모는 자녀를 망칩니다. 부모의 권위는 하나님 권위를 대신하는 것입니다. 요즈음 자녀에게 절절매거나 자녀에게 "안 돼." 하는 말을 못하는 부모가 많습니다. 그러나 자녀에게서 부모로서의 권위와 존경을 받아내지 못하면 자녀는 나중에 감당 못할 말썽꾸러기가 됩니다. 성경적 부모는 하나님의 거룩과 공의와 진리를 대신하여 자녀를 인도해야 합니다.

또한 부모에게 순종하도록 가르쳐야 합니다. 그것은 부모를 위한 순종이 아니라 자녀를 복받게 하는 영적 법칙이라고 성경에서는 말하고 있습니다. "자녀들아 너희 부모를 주 안에서 순종하라 이것이 옳으니라 네 아버지와 어머니를 공경하라 이것이 약속 있는 첫 계명이니 이는 네가 잘되고 땅에서 장수하리라"(에베소서 6:1-3). 이처럼 자녀가 부모를 공경하고 순종할 때 번영과 장수의 약속된 축복이 있음을 명심하시기 바랍니다.

※부모의 권위에 대해서는 3강에서 자세히 다룰 것입니다.

4. 편애

자녀를 편애하는 것은 사랑받지 못하는 자녀뿐 아니라 편애받는 자녀에게도 해롭습니다. 편애받는 자녀는 자신밖에 모르는 이기적이고 자만한 사람이 되기 쉽습니다. 반면에 사랑받지 못한 자녀는 거절감과 열등감과 분노라는 상처를 받습니다.

그런데 우리 부모는 자신도 모르게 어느 한 자녀를 더 사랑할 수도 있습니다. 또 내가 낳지 않은 자녀를 키우는 경우에 본능적인 사랑이 생기지 않을 수도 있습니다. 그것이 우리의 죄된 모습이기도 합니다.

하지만 마음은 그렇더라도 공평한 사랑이 전달되도록 노력해야 합니다. 이를 위해서 때로는 사랑하는 마음이 덜 가는 자녀에게 오히려 의도적으로 더욱 친근하게 사랑을 표현해 보십시오. 그러면 어느새 따스한 사랑의 마음이 회복되는 것을 느낄 수 있을 것입니다. 주님이 주시는 사랑의 마음 때문입니다. 편애는 극복될 수 있습니다. 편애가 모든 자녀에게 해롭다는 것을 명심하면서 자녀 모두에게 골고루 공평한 사랑을 표현하도록 노력해 보세요.

⚠ 여기서 잠깐 나는 편애하는 자녀가 있지 않나요? 곰곰이 생각해 봅시다.

5. 완벽주의 사랑

완벽주의 부모는 자녀에게 "더욱 잘해야 한다." "최선을 다해야 해." "조금만 더 잘하면 좋겠어." 하고 끊임없이 요구합니다. 이미 달성한 성과에 대해서는 격려와 인정을 표현하지 않습니다. 혹시 표현하더라도 아주 슬쩍 표현하고 맙니다. 크게 강조해서 전달하는 것은 "더욱 잘하라."는 메시지입니다. 완벽주의 부모는 아무리 잘해도 칭찬과 만족을 전달하지 않습니다. 과잉 기대를 가지고 더욱 잘해서 최고의 성과를 얻으라고 계속해서 요구하고 기대하는 것이 완벽주의입니다.

그러한 부모 밑에서 자란 자녀는 부모의 만족과 인정, 칭찬과 격려에 굶주려 있습니다. 처음에는 자신도 최선을 다해 부모의

for parents

오직 하나님의 은혜로!

완벽주의는 율법주의에 처한 상태와도 같습니다. 작은 실수도 해서는 안 되는 강박증과도 같습니다. 모든 일에 항상 완벽해야 하기 때문에 잠시도 쉼과 안식이 없습니다. 완벽주의를 치유할 수 있는 것은 오직 하나님의 은혜입니다. 우리가 선을 행할 능력이 도무지 없는데도 이 모습 그대로 용납하시는 하나님의 은혜를 경험할수록 완벽주의는 치유될 수 있습니다. 하나님은 오늘도 당신을 연약함 그대로 기쁘게 받으십니다. 할렐루야.

기대에 다다르려고 노력합니다. 하지만 점점 힘에 겨워합니다. 마음속으로 '나는 안 돼.' '나는 항상 이 모양이야.' '부모님을 기쁘게 해 드리는 것은 불가능해.' 하고 생각합니다. 결국에는 자포자기에 빠지고 맙니다. 그리고 분노를 느끼기도 합니다.

많은 부모들이 맏이 자녀에게 과잉 기대와 완벽주의 태도를 더욱 강하게 취하는 것을 봅니다. 그것은 첫 자녀를 향한 환상 때문이기도 합니다. 그러나 과잉 기대는 오히려 자녀에게 해롭다는 것을 명심하기 바랍니다. 끊임없이 기대하고 요구하기보다는 자녀의 작은 성취에도 아낌없이 칭찬과 격려를 표현하는 부모가 되어야 합니다.

6. 조건부 사랑

조건부 사랑(conditional love)이란 사랑을 베풀기 전에 자녀에게 어떤 조건이나 대가를 요구하는 부모의 태도를 말합니다. 자녀가 사랑스러운 일을 해야만 사랑하겠다는 행위 위주의 사랑이기도 합니다. 너의 자격과 조건과 행위와 성적에 따라 사랑을 줄 수도 있고, 사랑을 거둬들일 수도 있다는 태도입니다.

흔히 우리 부모들은 자신도 모르게 조건부 사랑을 실천하고 있습니다. 이를테면 "동생이랑 잘 놀아야 엄마가 예쁘다 그럴 거야." "공부 잘해야 아빠 딸(아들)이지." "말 안 들으면 엄마가 밉다고 할 거야." 같은 표현이 대표적입니다. 그러면 자녀는 자기가 사랑받기 위해서는 자격을 갖추어야 하고, 힘써 노력해야 한다는 것을 배웁니다.

하지만 하나님의 사랑은 우리의 자격이나 행위나 성취와 상관없이 우리를 있는 모습 그대로 사랑하시는 조건 없는 사랑입니다. 우리도 그와 같이 자녀에게 조건 없는 사랑을 전달해야 합니다. 조건 없는 사랑을 받은 자녀는 어떠한 일이 있어도 부모가 나를 사랑한다는 확신 가운데 두려움 없이 밝게 성장합니다.

for parents

있는 모습 그대로

있는 모습 그대로
있는 모습 그대로
있는 모습 그대로
오시오
하나님은 당신이
있는 모습 그대로
있는 모습 그대로
오시길 원하십니다.
-오정훈 곡

나·눔·과·토·론

1. 나는 부모에게 흠뻑 사랑을 받았나요, 아니면 사랑의 목마름을 가지고 있나요?

2. 자녀는 내게 어떤 사랑을 전달받았을까요? 자녀의 마음을 헤아려 보세요.

3. 자녀를 성장시키는 사랑을 한 적이 있나요? 나누어 보세요.

4. 내 자녀 양육 스타일 중에 나 자신도 모르게 자녀를 망치는 사랑이 있었다면 무엇이었는지 나누어 보세요.

5. 나의 자녀 사랑 속에 어떤 불건강한 요소가 있는지 점검해 봅시다.

기·도·제·목

이번 만남을 통해 하나님께 올려 드려야 할 기도 제목을 적습니다.

Click point

머슬로의 욕구 피라미드로 살펴보는 부모 사랑의 힘

심리학자 머슬로는 특히 건강한 사람의 특성과 심리에 대해 연구한 학자입니다. 그의 이론에 의하면 사람은 우선 가장 강하고 급한 욕구가 충족되어야 그 다음 상위 욕구가 순차적으로 생겨난다고 합니다. 이를 자녀 교육에 적용해 보면 다음과 같습니다.

첫째, 우리 자녀는 부모에게 음식과 물과 잠과 엄마의 피부 접촉과 같은 생리적 욕구를 충족받아야 합니다.

둘째, 생리적 욕구가 채워지면 비로소 위험으로부터 보호받고자 하는 안전과 질서와 안정성에 대한 욕구가 생겨납니다.

셋째, 그러한 안전 욕구가 채워지면 사랑과 소속감에 대한 욕구가 생겨납니다. 누군가(그룹)에게 사랑받고 싶고 소속되고 싶은 상위의 욕구가 발생한다는 겁니다.

넷째, 그러한 사랑과 소속에 대한 욕구가 충족되면 자신이 좀 더 가치 있는 존재로서 존중받으며 살고 싶은 자기 가치감의 욕구가 생겨납니다.

다섯째, 그러한 욕구도 충분히 채워지면 그 다음 자아실현의 욕구가 생겨납니다. 자아실현의 욕구는 자신이 더욱 성장하고 싶은 욕구와 동기입니다. 이런 사람은 부모나 타인이 원하거나 강요해서가 아니라, 스스로 열린 마음으로 자신을 더욱 발전시키고 싶은 성장의 동기를 가집니다.

자녀가 공부도 잘하고 인품도 넉넉한 성공하는 삶을 살기 원한다면 먼저 부모님은 조건 없는 사랑과 가치감, 그리고 소속감과 같은 기본 욕구를 만족스럽게 충족시켜 주어야 한다는 것입니다.

이를 도표로 보면 다음과 같습니다.

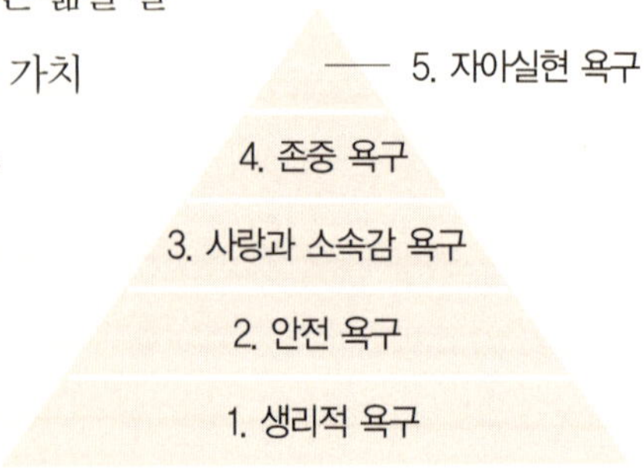

상·담·코·너

Q 6개월 전에 딸아이를 낳았습니다. 기다리던 아이였지만, 처음 보았을 때부터 참 못 생겼다는 실망감이 들었습니다. 그래서인지 사랑하는 마음이 잘 생기지 않습니다. 그래서 엄마로서 죄책감이 들기도 하구요. 도와주세요.

A "아이의 모습은 앞으로 열두 번도 더 변한다."는 말이 있습니다. 이제 막 태어난 아기를 보고 못 생겼다고 속단하는 것은 무리입니다. 오히려 생명의 신비함과 소중함을 보고 감탄하십시오. 하나님은 태초부터 예정하시고 주의 손으로 신묘막측(fearfully and wonderfully made: 시편 139:14)하게 지으신 유일무이한 존재이기 때문입니다. 어떤 자녀도 아름답지 않은 존재는 없습니다. 자녀를 주님의 시선으로 바라보십시오.

이제부터 아기에게 부모의 사랑을 흠뻑 넣어 주십시오. 사랑받은 자녀는 점점 아름다워집니다. 사랑을 듬뿍 받으면 실제로 아름다운 모습으로 바뀝니다. 사랑스러운 표정과 함께 매력적인 여성으로 성장할 것입니다. 반대로 아기일 때 아무리 예뻤다 해도 사랑받지 못하면 표정이 어두워지고 아름다움을 잃습니다.

어머니에게 묻고 싶습니다. 혹시 자기 자신에 대한 열등감을 갖고 있지는 않은지요. 왜냐하면 자신에 대해 스스로 열등감을 가진 부모는 자녀 또한 열등감을 가지고 바라보는 경우가 많기 때문입니다. 자녀에게서 자신의 모습을 보기 때문입니다.

이번 기회에 자신을 바라보는 시각 또한 바꿔 보시기를 바랍니다. 당신 역시 아름다운 존재입니다. 주님의 사랑을 체험하십시오. 사람은 누구나 사랑을 받으면 아름다워지기 때문입니다.

어머니가 먼저 주님 안에서 열등감을 치유하십시오. 그러면서 사랑하는 딸아이를 매력적인 여인으로 키우시기 바랍니다. 우리 모두는 사랑받기 위해 태어난 소중하고 아름다운 존재입니다.

세
—
번
—
째

참사랑

만
—
남

introduction

참사랑은 대상을 성장시킵니다

우리는 두 번째 만남에서 잘못된 사랑에 대해 생각해 보았습니다. 그렇다면 진정한 사랑이란 어떤 것일까요?

사랑은 대상을 성장시키기 위해 의도적인 행동으로 나타내 보이는 것입니다. 자녀를 살리는 사랑, 회복시키는 사랑, 성장시키는 사랑, 발전시키는 사랑, 자녀에게 생명을 주는 사랑이 참사랑입니다.

지금까지 내 자녀는 내게서 어떠한 사랑을 느꼈을까요? 여러분, 변화는 쉽지 않습니다. 변화는 용기입니다. 변화는 사랑입니다. 여러분이 자녀를 정말 사랑한다면 사랑을 표현하고 무조건 사랑하기 시작해야 합니다.

그것은 의도적으로는 되지 않습니다. 우선 안경을 바꿔야 합니다. 내 안경이 아니라 하나님의 안경을 쓰고 보아야 합니다. 하나님이 쓰신 안경으로 바라보면 자녀의 생명과 존재와 탄생 자체가 말할 수 없이 귀합니다. 자신의 안경을 벗는 용기를 가져야 합니다.

이제 참사랑과 그것을 실천하는 구체적인 방법들을 소개하겠습니다.

1. 참사랑이란 무엇인가

1. 능력 부여 사랑

참사랑이란 대상이 성장하고 발전하도록 돕는 능력 부여 사랑(empowering love)입니다. 즉 상대방이 능력을 가질 수 있도록 힘과 권능을 심어 주는 것입니다. 하나님은 우리에게 생명을 심어 주시기 위해 독생자 예수 그리스도의 피와 살까지 나누어 주셨습니다. 또한 우리가 능력을 갖고 살도록 성령님까지 선물로 주셨습니다. 예수님을 마음에 모신 사람에게는 성령님이 우리 마음속에 내주하시며 각양 좋은 은사와 능력을 부여하고 계십니다. 하나님이 우리에게 성령님을 주신 사건은 진정한 능력 부여 사랑입니다.

우리 부모가 자녀에게 능력 부여 사랑을 한다는 것은 자녀에게 스스로 능력을 갖도록 도와주는 사랑을 뜻합니다. 부모에게 의존하는 어린 아이가 아니라, 스스로 자기 일을 처리해 나가는 능력 있는 자녀로 키우는 것을 뜻합니다. 자녀에게 능력과 권능을 심어 주는 태도를 의미합니다. 부모 여러분, 자녀를 진정 사랑한다면 자녀가 스스로 강하게 성장하도록 순간순간 능력을 심어 주십시오. 그래서 부모 없이도 험한 세상을 지혜롭게 대처해 나갈 수 있도록 지금 능력 부여 사랑을 부어 주십시오.

for parents

능력 부여란

Empowerment는 우리말로 능력 부여라고 번역되는데, 누군가에게 권능을 부여하는 것을 말합니다. 하나님은 인간에게 청지기 역할을 부여하셨고, 자녀가 되는 권리를 부여하셨습니다. 또한 우리에게 성령 충만을 부여하심으로써 주님의 일을 잘 감당하도록 능력을 부여하셨습니다.

2. 조건 없는 사랑

참사랑이란 조건 없는 사랑(unconditional love)입니다. 조건 없는 사랑이란 어떤 것일까요? 그것은 자녀의 자격과 성적과 행위와 외모와 같은 조건에 상관없이 자녀의 존재 자체를 그대로 소중히 여기며 사랑하는 것입니다.

다른 말로 하면 자녀가 사랑받을 만한 자격이 있어서, 또는 사랑스러워서 사랑하는 것이 아닙니다. 사랑받을 자격이 없어도 또는 사랑스럽지 않아도 사랑하는 것을 말합니다. 이것이 어떻게 가능할까요? 이것은 내가 노력해서가 아니라 사랑의 속성 때문에 가능합니다. 내게 사랑이 충만하면, 내가 가지고 있는 사랑의 속성 때문에 자연히 흘러넘쳐서 상대방에게 사랑이 전달되는 것입니다.

그런데 우리 부모들이 자녀를 무조건적으로 사랑하기가 힘든 이유는 이러한 무조건적인 사랑을 경험한 적이 드물기 때문입니다. 그래서 이 참사랑을 이해하기도 어렵고 실천하기는 더욱 어려운 것입니다.

우리는 조건부 사랑에 너무 익숙해져 있습니다. 이 세상은 공부를 잘하면 칭찬받고, 유능하면 그 대가를 보상받고, 외모가 뛰어나면 사랑받는다는 조건부 사랑의 법으로 작동하고 있기 때문입니다. 부모 자녀 관계도 마찬가지입니다. 우리는 자신도 모르게 조건부 사랑을 행할 때가 많습니다. 예를 들면 자녀가 말을 잘 들으면 칭찬하고, 공부를 잘하면 보상해 주고, 심부름을 하면 용돈을 줍니다. 이것이 뭐가 잘못된 일이냐고 생각하겠지만, 깊이 생각해 보아야 할 문제입니다.

나 자신의 어린 시절을 떠올려 보십시오. 혹시라도 부모님의 사랑을 받으려고 애쓰고 노력했으나 여전히 사랑받지 못한 경험은 없으십니까? 그때의 심정을 헤아려 보십시오.

자녀는 부모에게서 무조건 사랑받는다는 확신을 얻어야 합니다. 내가 공부를 못해도, 얼굴이 못생겼어도, 실수를 했을 때도 부모는 변함없이 나 자신을 사랑한다는 것에 대해서 한치의 의심도 없어야 합니다. 심리학에서도 조건 없는 사랑을 경험한 사람들이 더욱 잘 회복되고 성장한다는 것을 연구해 내고 있습니다. 그만큼 자녀에게 조건 없는 사랑을 경험시키는 것은 참으로 중요합니다.

⚠ **여기서 잠깐** 지금까지 살면서 경험했던 조건 없는 사랑을 나누어 보세요.

2. 참사랑을 전달하는 8가지 방법

그러면 이제 조건 없는 사랑을 구체적으로 전달하기 위한 몇 가지 태도와 방법을 살펴봅시다.

1. 자녀를 보면 활짝 웃어 주세요

누군가 나를 보고 웃어 준다는 것은 내 존재가 환영받고 사랑받는다는 느낌을 줍니다. 특히 부모가 나를 볼 때마다 활짝 웃으며 기뻐해 준다면, 자녀는 조건 없는 사랑을 경험합니다. 내 존재 그대로 부모에게 기쁨을 준다는 것은 놀라운 경험입니다.

반대로 누군가, 특히 부모가 나를 볼 때마다 얼굴을 찡그린다면 자녀는 존재의 무가치감을 느낍니다. 부모의 불만스러운 표정 속에서 자녀는 '뭔가 내가 또 잘못했구나.' '나를 싫어하나 보다.' '나는 자격 미달이다.' 하는 부정적 메시지를 전달받습니다. 은근히 '너는 못 마땅해.', '내 말 들어야만 너를 사랑할 거야.' 하는 조건부 메시지를 주면서 사랑이라는 대가로 아이를 조종하는 셈입니다. 그러면 아이는 은근히 부모 눈치를 봅니다. 눈치 훈련을 시키는 셈입니다. 어린 자녀는 부모의 사랑을 받으려고 안간힘을 씁니다. 아무리 노력해도 부모의 사랑이 오지 않을 때 자녀는 부모에게서 거절감이라는 상처를 받습니다. 이것은 어린 자녀에게는 형벌과도 같습니다.

자녀들을 보면 활짝 웃어 주세요. 자녀를 보고 기뻐하세요. 자녀를 만나면 환영해 주세요. 이것이 사랑과 용납을 전달하는 방법입니다. "너의 존재 자체가 나에게는 기쁨이다." 하는 조건 없는 사랑의 메시지를 전달해 주는 것입니다. 하루에 몇 번이라도, 아이가 옷을 더럽혀 왔을 때도, 성적이 떨어졌을 때도, 마음이 불편할 때도 자녀를 보면 무조건적 웃음을 선물로 제공해 보십시오. 그러면 자녀는 놀랍게도 밝고 건강하게 성장할 것입니다.

for parents

너로 인하여 기뻐하시리라

"너의 하나님 여호와가 너의 가운데 계시니 그는 구원을 베푸실 전능자시라 그가 너로 인하여 기쁨을 이기지 못하여 하시며 너를 잠잠히 사랑하시며 너로 인하여 즐거이 부르며 기뻐하시리라 하리라"(스바냐 3:17).

2. "참 귀하구나." 하는 말을 자주 사용하세요

사랑은 반드시 표현되고 전달되어야 합니다. 전달되지 않는 사랑은 아무 소용이 없습니다. 마치 종이 울려야 종의 역할을 감당하듯이 사랑은 표현되어야 그 효과가 발휘됩니다. 마음속에 사랑을 가지고 있어도 표현하지 않으면 자녀는 사랑을 전혀 느끼지 못합니다. 조건 없는 사랑을 말로 표현하십시오. "너는 참 귀하구나." "어이구 귀해라." "정말 사랑스럽다." "엄마는 너만 보면 좋다." "아빠가 피곤했는데 우리 아들(딸)을 보니 피곤이 싹 가시는구나." "요게 없었으면 어쩔 뻔 했을까?" "천만금을 준다고 해도 너랑 바꾸나 봐라." 이런 표현 속에는 부모가 어떠한 일이 있어도 나를 사랑한다는 귀한 메시지가 들어 있습니다.

반대로 "저게 왜 태어났나 몰라." "아이 지겨워." "못 살아, 못 살아." "아휴, 저 웬수!" "누굴 닮아 저렇게 못생겼니?" "사랑할 구석이 있어야 사랑하지." "저리 가라, 꼴도 보기 싫다." "정말 마음에 안 든다." "진짜 실망스럽다." 하는 표현 속에는 거절감이 포함된 조건부 사랑이 들어 있습니다. 부모의 무심코 던진 말들이 자녀에게는 존재의 무가치감을 준다는 것을 잊지 마세요. 자녀를 볼 때마다 조건 없는 사랑과 축복의 표현을 전달하십시오.

3. '아직 자라나는 중'이라는 마음으로 자녀를 바라보세요

우리의 자녀들은 아직 어리고 자라나는 중에 있습니다. 아직은 미숙하고 모든 일에 서투른 것은 당연합니다. 지금은 배우고 훈련받는 중에 있음을 기억해야 합니다. 어린 자녀를 향해 너무 완벽한 기대를 가지면 자녀가 하는 모든 일이 부모 눈에는 못마땅해 보일 수 있습니다.

자녀의 방문 앞을 지날 때마다 마음속으로 '너는 아직 자라나는 중, 배우는 중, 훈련받는 중이야.' 하고 되뇌어 보세요. 그러면 훨씬 더 많은 인내와 사랑으로 자녀를 바라볼 수 있습니다.

for parents

아직은 자라나는 중

예수님이 베드로를 처음 보셨을 때, "네가 요한의 아들 시몬이니 장차 게바라 하리라"(요한복음 1:42)고 말씀하셨습니다. 지금의 모습은 연약한 갈대처럼 보이지만 장차는 반석과 같은 사람이 되리라는 축복의 말씀입니다. 예수님은 우리의 지금 모습을 보시지 않습니다. 우리 역시 '아직은 자라나는 중'입니다. 현재 자신의 모습을 보고 실망하지 마십시오. 우리도 성령을 받으면 장차 베드로처럼 변할 것입니다.

4. 자녀가 실수했을 때 "괜찮다."고 꼭 말해 주세요

많은 부모들이 자녀의 실수를 용납하려고 하지 않습니다. 이를테면 자녀가 컵을 깨뜨렸을 때, "너 또 실수했구나." "왜 그렇게 부주의하니?" "엄마가 조심하라고 그랬지?" 하고 말합니다. 하지만 무심코 던지는 말들에서 자녀는 실패에 대한 두려움과 거부감을 느낍니다. 실수하지 않는 사람은 아무도 없습니다. 실수는 배움의 기회이기도 합니다. 실수를 두려워하면 발전할 수 없습니다. 오히려 실수를 감행할 때 발전과 성장이 있습니다. 따라서 자녀가 실수했을 때도 사랑과 용납을 표현하면 자녀는 두려움 없이 새로운 도전을 시도하는(risk taking) 사람으로 건강하게 자라납니다.

자녀가 실수와 실패했을 때 "괜찮다." "다치지 않았니?" "사람은 누구나 실수한단다." "실수를 겁내지 마라." "엄마도 실수한단다." "아빠도 예전에 성적이 떨어진 적이 있었단다." 하고 말하십시오. 자녀가 처음에는 놀랄 것입니다. 그러나 그러한 표현의 내용 속에서 부모의 조건 없는 사랑과 용납을 경험하고는 앞으로 자신의 실수뿐 아니라 다른 사람의 실수까지도 용납하는 넉넉한 마음을 얻을 것입니다.

5. '사랑해' 쪽지를 자주 전달하세요

사랑의 표현은 날마다 필요합니다. 어제뿐 아니라, 오늘도 부모의 사랑은 자녀에게 표현되고 전달되어야 합니다. 우리 자녀들도 비록 어릴지라도 생활 속에서 많은 어려움을 겪습니다. 그때마다 용기를 잃고 좌절하기도 합니다. 특히 십대 자녀는 친구와의 관계와 성적 등으로 많은 스트레스를 받고 있습니다. 그때 부모가 '사랑해' 하고 표현해 주면 자녀는 큰 용기와 격려를 얻습니다.

e-메일과 핸드폰을 이용해 문자 메시지를 보내기도 하고, 때로는 메모지에 적어서 자녀의 책상 위에 붙여 놓기도 하세요.

for parents

실패에 대한 명언

"실패는 리더를 세우는 강력한 힘이다. 훌륭한 리더는 실패와 실수가 없는 사람이 아니라, 실패와 실수를 통해 값진 교훈을 얻는 사람들이다."

–헨리 블랙커비

"많이 힘들지?" "엄마가 너를 사랑한다는 것을 잊지 마." "아빠가 항상 네 곁에 있음을 기억해라." "우리는 어떠한 일이 있어도 너를 사랑한단다." "엄마, 아빠는 언제나 네 편이다." 하고 쓴 쪽지를 전달하세요. 그것이 조건 없는 사랑을 표현하는 한 방법입니다.

6. 만날 때마다 품에 잠시 안아 주세요

자녀를 볼 때마다 부모의 품에 안아 주십시오. 부모의 넓은 품을 아끼지 마십시오. 부모의 따스한 포옹(허깅, huging)을 통해 자녀는 많은 위로와 사랑을 체온과 피부로 느낍니다. 엄마의 따스한 품, 아빠의 넓은 가슴 속에 안길 때 자녀는 조건 없는 사랑과 용납을 경험합니다. 그것이 허깅의 마력이기도 합니다. 물론 안아 주면서 "사랑해." 하고 말해 주면 효과는 더욱 큽니다.

책상에 앉아 공부하고 있는 자녀에게 다가가 "힘들지?" 하고 말하면서 어깨를 감싸안아 준다면, "열심히 공부해라." 하고 말하는 것보다 몇 배나 강력한 지지와 격려를 주는 셈입니다. 자녀를 조건 없는 사랑으로 안아 주는 습관을 가지세요. 그 효과는 실로 놀랍습니다.

7. 자녀와의 데이트 시간을 가지세요

자녀와의 데이트는 관계 회복의 기회를 제공합니다. 사람은 누구나 사랑하는 사람과 함께 있고 싶어 합니다. 자녀를 진정 사랑하는 부모라면 아무리 바빠도 자녀와의 데이트 시간을 만들 수 있습니다.

흔히 자녀는 '우리 엄마, 아빠는 나와의 시간을 중요하게 여기지 않아.' 하고 생각하곤 합니다. 대부분의 부모들은 자녀를 사랑한다고 하면서도 막상 시간을 내어서 자녀와 대화하며 데이트할 시간은 갖지 않기 때문입니다. 특히 아빠는 "나는 너희들을 위해서 뼈 빠지게 일하고 있다."고 말하면서도 막상 사랑하는 자녀와 함께 시간을 보내는 것은 소중하게 여기지 않습니다. 어떤 아빠는 자녀와 함께 보내는 시간은 쓸데없이 낭비하는 시간이라고 생각하기도 합니다.

"너 시간 좀 낼 수 있니? 아빠가 밖에서 만나고 싶은데…." "어디서 만날까?" "학원 앞에서 아빠가 기다릴게. 나하고 데이트 좀 하자." 하고 자녀에게 데이트를 신청해 보십시오.

우선 자녀가 좋아하는 장소를 택하십시오. 시끄러운 곳이어도 좋습니다. 그냥 만나서 웃으며 시간을 함께 보내는 것입니다. 그때 "공부 잘하고 있니?" 하는 말은 금물입니다. 오히려 친구 이야기나, 고민거리를 들어만 주십시오. 설교와 교훈보다는 자녀의 이야기를 열심히 들어 주는 것이 진정한 데이트입니다. 부모에게 쓸데없는 것 같은 이야기도 자녀에게는 중요한 이야기라는 것을 잊지 마십시오. 아빠가 바쁜 중에도 시간을 일부러 내어서 나와 함께 있는 것만으로도 자녀는 아빠의 사랑과 용납을 느낄 것입니다.

8. '사랑의 추억'을 만들어 주세요

언젠가 우리 품을 떠날 때 자녀는 '사랑의 추억'을 마음에 간직하고 떠나야 합니다. 부모 여러분, 지금까지 자녀에게 어떤 추억을 만들어 주셨습니까? 자녀의 마음속에 어떤 추억들이 담겨 있을까요? 가족끼리 외식을 하거나 여름철 휴가를 함께 다녀온 기억을 남겨 주는 것도 중요합니다.

하지만 그보다 훨씬 중요한 것은 자녀에게 "내가 부모에게서 조건 없이 사랑을 받았다."는 잊지 못할 추억을 남겨 주는 것입니다. 이 '사랑의 추억'은 자녀에게는 돈으로 따질 수 없는 값진 유산과도 같습니다.

저는 어려서 몸이 몹시 약했습니다. 지금도 기억나는 것은 아플 때마다 제 머리맡에서 밤새 간호하며 안타까운 눈으로 지켜보시던 어머니의 따스한 사랑입니다. 한번은 학교 점심시간에

for parents

어떤 사랑의 추억

어느 아들이 아빠의 자동차를 빌려 운전하다가 사고를 냈습니다. 너무나 당황한 아들이 보험 서류를 찾아 꺼냈습니다. 그때, 앞장에 굵은 펜으로 다음과 같은 글이 적혀 있었습니다.

"만약 사고를 냈을 경우에 꼭 기억하거라. 내가 가장 사랑하고 걱정하는 것은 자동차가 아니라 바로 우리 아들, 너라는 사실을."

어느새 아들의 눈에는 눈물이 고여 올랐습니다.

어머니가 찾아오셨습니다. 가슴속에서 무언가를 꺼내 주시는데, 펴 보니 담요에 겹겹이 싸인 인절미 한 덩이였습니다. 가난한 살림에 마련해 오신 인절미 한 덩이는 친구들 앞에서 '내가 이렇게 사랑받는 귀한 존재다.' 하는 자부심을 갖게 했습니다. 그날의 일은 지금도 '내가 조건 없이 사랑받았다.'는 '사랑의 추억'으로 마음속에 새겨져 있습니다. 이제 어머니는 천국에 계시지만, 살아가다가 힘든 일이 있을 때면 저는 그때 어머니의 사랑을 떠올리며 큰 위로를 받곤 합니다.

자신이 소중하게 사랑받았다는 아름다운 추억을 지닌 사람은 현재의 어려움을 넉넉히 이겨 나갈 수 있습니다. 반대로 부모에게서 따스하게 사랑받은 추억이 빈곤한 사람은 삶의 어려움을 이겨낼 자원이 없는 셈입니다. 우리 자녀는 언젠가 우리 품을 떠나갑니다. 그때 자녀 손에 무엇을 들려 주어야 할까요? 가장 값진 유산은 '내가 부모에게 조건 없이 사랑받았다.' 하는 추억입니다.

자녀에게 '사랑의 추억'을 만들어 주십시오. 바로 오늘, 조건 없는 '사랑의 추억'을 의도적으로라도 창출해 보십시오.

나·눔·과·토·론

1. 내가 어렸을 때 부모님에게서 조건 없는 사랑을 경험한 예화가 있다면 나누어 보세요.

2. 나는 어렸을 때 부모님에게서 어떤 사랑의 표현을 받고 싶었나요?

3. 내가 자녀에게 잘 사용하는 사랑 표현은 무엇일까요?

4. 내가 자녀에게 잘 사용하지 못하는 사랑 표현은 무엇일까요?

5. 자녀에게 조건 없는 사랑을 전달할 수 있는 또 다른 표현과 방법들을 찾아서 나누어 보세요.

기·도·제·목

이번 만남을 통해 하나님께 올려 드려야 할 기도 제목을 적습니다.

Click point

BPS 부모가 꼭 알아야 할 은혜

1 은혜란 무엇일까요

우리가 은혜를 이해한다는 것이 절대 쉽지 않습니다. 왜냐하면 이 세상은 결코 은혜의 법으로 작동하고 있지 않기 때문입니다. 그래서 세상은 은혜를 잘 알지 못합니다. 은혜는 하나님 아버지의 마음이며 속성입니다. 은혜란 수혜자의 자격과 상관없이 베푸는 분의 본질과 속성 때문에 흘러나오는 조건 없는 사랑과 자비와 긍휼을 말합니다. "너희가 그 은혜를 인하여 믿음으로 말미암아 구원을 얻었나니 이것이 너희에게서 난 것이 아니요 하나님의 선물이라 행위에서 난 것이 아니니 이는 누구든지 자랑치 못하게 함이니라"(에베소서 2:8–9). 그렇습니다. 구원도 하나님이 값없이 주시는 은혜의 값진 선물입니다.

그것은 우리의 행위의 대가로 받은 것이 아닙니다. 우리는 오직 은혜로 구원받은 것입니다. 우리가 할 일은 하나님이 베푸시는 은혜를 오직 믿음으로 받는 것입니다. 우리는 감사할 것밖에 없습니다. 너무나 감사해서 이제 은혜에 합당하게 사는 것입니다.

2 은혜는 이렇습니다

모두에게 주어졌습니다 ‖ 은혜는 한 사람도 예외 없이 이 세상 모든 사람에게 제공되었습니다.

값없이 주어졌습니다 ‖ 은혜를 갚을 수 있는 길은 없습니다. 은혜는 너무 커서 값으로 지불될 수도 없습니다. 그래서 은혜는 우리에게 값없이 선물로 주어졌습니다.

거부될 수 있습니다 ‖ 은혜를 받을 수 있는 통로는 오직 믿음입니다. 은혜는 하나님이 내미신 사랑의 손길이며 우리는 믿음의 손으로 그 은혜를 받아들이는 것입니다. 하나님의 은혜가 이미 우리에게 주어졌지만, 믿음으로 받아들이지 않으면 은혜는 거부될 수밖에 없습니다. "저희와 같이 우리도 복음 전함을 받은 자이나 그러나 그 들은바 말씀이 저희에게 유익되지 못한 것은 듣는 자가 믿음을 화합지 아니함이라"(히브리서 4:2). 은혜를 거부한다는 것은 엄청난 재앙이 될 수밖에 없습니다. 왜냐하면 우리 모두는 은혜 없이는 살 수 없기 때문입니다. 은혜 없이는 구원받지 못하기 때문입니다. 이 은혜를 행여나 거부하지 말고 믿음으로 겸손히 받아야 합니다.

겸손한 자가 받을 수 있습니다 ‖ 은혜를 받는 오직 한 가지 조건은 겸손한 마음입니다. 교만한 사람에게는 은혜가 필요 없기 때문입니다. 나는 은혜받을 만한 자격이 도무지 없다는 겸손한 마음만이 필요한 것입니다. 그래서 하나님은 겸손한 자를 기뻐하십니다. 겸손할수록 하나님의 은혜는 엄청난 크기로 우리에게 주어집니다. "하나님이 교만한 자를 물리치시고 겸손한 자에게 은혜를 주신다 하였느니라"(야고보서 4:6).

받을수록 더 많이 누릴 수 있습니다 ‖ 은혜는 너무 커서 우리가 다 이해할 수 없습니다. 그러나 은혜는 받으면 받을수록 더 많이 내려옵니다. 또한 은혜를 많이 받아 누릴수록 우리의 삶은 더욱 풍성해지는 것입니다. "우리 주의 은혜가 그리스도 예수 안에 있는 믿음과 사랑과 함께 넘치도록 풍성하였도다"(디모데전서 1:14).

이미 용서받았습니다 ‖ 하나님의 은혜로 우리의 모든 죄는 이미 용서받았습니다. 심판보다 더 큰 것이 긍휼이며 은혜입니다. "긍휼은 심판을 이기고 자랑하느니라"(야고보서 2:13). 이 말씀처럼 하나님의 은혜는 우리의 죄와 심판을 이기셨습니다.

"은혜 충만한 그리스도인은 윤리나 규율로 사는 것이 아닙니다. 오히려 자신의 노력으로는 도저히 하나님을 기쁘시게 할 수 없다는 것, 스스로 자신의 죄를 해결할 수 없기에 가난한 심령, 깨어진 심령, 겸손한 마음으로 하나님께 나오는 사람이 그리스도인입니다. 그러한 겸손한 심령에 하나님은 충만한 능력과 사랑과 구원으로 가득가득 채우십니다. 하나님은 의인이 아니라 죄인을 찾으십니다. 죄인된 모습 그대로 하나님께 나아오기만 하면, 놀랍게도 거룩하신 하나님은 흠투성이인 나를 벌써 사랑하고 계심을 깨닫습니다." –필립 얀시, 《놀라운 하나님의 은혜》

이제 은혜의 렌즈로 자녀를 바라보십시오. 은혜의 사랑을 표현하기를 연습하고 실천하십시오.

3 은혜가 아닌 표현들

은혜를 머리로 아는 것과 은혜의 삶을 살아가는 것은 다릅니다. 우리는 은혜로 살아가야 합니다. 은혜의 법칙을 자녀 양육에도 적용한다면 은혜의 축복이 우리 가정과 자녀에게 풍성하게 임할 것입니다. 그동안 우리는 자신도 모르게 자녀를 은혜의 법보다는 율법주의로 비난하고 지적하지는 않았는지 모르겠습니다. 우리 부모들이 자주 쓰는 말과 표현 속에서 은혜가 아닌 것들을 찾아볼 수 있습니다. 이를테면 이러한 표현들입니다.

"남 보기에 창피하다, 다른 사람이 뭐라고 생각하겠니?"

"착하고 말 잘 들어야 엄마(아빠)가 사랑할 거다."

"좀 더 잘해야 해, 더 잘했어야 했는데…."

"더욱 열심히 해라."

"반드시 성공해야 한다."

"또 실수했구나, 정말 마음에 안 든다. 사람은 실수하면 안 된다. 흠이 없어야 해."

"벌 받는다, 너 아주 나쁘구나. 큰일이다."

"이를 악물고 살아라."

"네가 얼마나 잘못했는가 너 자신을 철저히 반성해 봐."

4 은혜의 법으로 우리 아이 기르기

부모는 자녀에게 하나님의 은혜를 거듭거듭 전달해야 합니다. 자녀는 부모에게서 하나님의 은혜를 간접 경험해야 합니다. 나중에 자녀에게 "하나님이 너를 은혜로 사랑하신단다." 하고 말할 때 "엄마, 나 알아. 그게 무슨 뜻인지 알아요. 엄마가 나를 사랑한 것처럼 말이지요?" 하고 자녀가 반응한다면 하나님의 은혜를 잘 전달한 것입니다. 그때 부모는 "아니, 엄마는 하나님의 은혜를 100분의 1도 표현하지 못했어. 하나님은 널 너무나 사랑하시고 너를 보면 기쁨을 이기지 못하신단다." 하고 말해 줄 수 있어야 합니다. 특히 성적이 떨어졌을 때, 실수를 했을 때, 돈을 잃어버렸을 때, 자녀가 마음에 들지 않는 행동을 했을 때, 자녀가 죄책감에 시달릴 때 하나님의 사랑과 은혜를 전달해 주어야 합니다. 그것이 은혜의 법으로 자녀를 양육하는 BPS 성경적 부모입니다.

상·담·코·너

Q 저에게는 남편의 전 처 소생인 6살짜리 아들이 하나 있습니다. 진심으로 사랑하는 마음을 갖기도 어렵고, 서먹하기도 합니다. 요즘은 고의적으로 제게 거역하는 것 같기도 합니다. 어떻게 키워야 할지 당황스럽습니다.

A 어머니의 심정을 이해할 것 같습니다. 그러나 사랑은 본능이나 감정만이 아닙니다. 사랑하는 마음이 없어도 "사랑한다." 하고 표현해 보십시오. 그것은 위선이 아닙니다. 그것은 의지적 결단이며 기도하는 마음입니다. 아들을 사랑하는 마음을 주시도록 주님께 간구해 보십시오. 놀랍게도 사랑하는 마음이 생기는 것을 경험할 것입니다. 하나님은 그 아들을 당신의 품에 맡기셨습니다. 따라서 그 아들은 당신의 아들이며, 당신은 그 아들의 엄마입니다. 당당하십시오.

남편에게도 도움을 요청하십시오. 내가 엄마 역할을 잘하겠으니, 나를 믿어 달라고 부탁하십시오. 남편이 엄마에게 힘을 실어 주어야 합니다.

아들의 눈치를 보지 마십시오. 흔들리거나 나약한 모습을 보이면 안 됩니다. 엄마로서의 권위를 가지십시오. 안 되는 것은 안 된다고 끝까지 밀고 나가십시오.

물론 끊임없는 사랑과 소속감의 표현을 잊지 마십시오. 사람들 앞에서도 "제 아들입니다." "네, 제가 엄마입니다." "우리 아들 사랑스럽지요?" 하고 표현하십시오. 아이에게도 "나는 네가 엄마 아들이어서 참 기쁘단다." "너도 엄마를 사랑하니?" "우리 아들 없었으면 어쩔 뻔 했을까?" 같은 표현을 통해 확실한 소속감을 심어 주십시오. 그런 다음에 엄마로서의 사랑과 훈계를 일관성 있게 밀고 나가십시오.

내가 낳지 않은 자녀를 사랑하면서 하나님 사랑의 크기를 더욱 느낄 것입니다. 또한 그 사랑에 대한 보상은 지대합니다. 하나님도 아들을 품고 사랑하려는 어머니의 마음에 축복과 성령 충만을 선물로 가득 부어 주실 것입니다. 승리하십시오.

3

어떻게 훈계할까

사랑의 또 다른 측면인 훈계는 사랑과 똑같이 중요합니다. 훈계 없는 사랑은 사랑이 아닙니다. 물론 사랑 없는 훈계 역시 진정한 훈계일 수 없습니다. 바른 훈계는 자녀에게 부모의 사랑을 알게 해 줍니다.

사랑의 또 다른 이름, 훈계 _자녀 훈계 18계명

네
—
번
—
째

사랑의 또 다른 이름, 훈계

만
—
남

introduction

**단호한 사랑이
자녀를 살립니다**

어떤 아들이 방탕한 삶을 살다가 감옥에 들어갔습니다. 마지막에 이렇게 말하면서 집을 떠났다고 합니다.

"엄마, 왜 나에게 안 되는 것은 안 된다고 단호하게 말해 주지 못하셨습니까, 왜 좀 더 강한 훈계로 나를 붙잡아 주지 못하셨습니까!"

그렇습니다. 우리 자녀들은 단호한 지침을 필요로 합니다. 진정한 사랑은 불의를 기뻐하지 아니하고 진리와 함께 기뻐하는 것입니다(고린도전서 13장).

자녀는 부모의 확고한 사랑, 강한 사랑을 절대적으로 필요로 합니다. 자녀들은 제한과 규칙을 싫어하는 것 같지만 실상은 부모가 명확하고 일관성 있는 규칙을 정해 줄 때 오히려 편안함과 안정감을 느낍니다. 특히 어릴 때부터 부모의 권위를 가지고 자녀를 양육해야 한다는 것을 잊어서는 안 됩니다. "마땅히 행할 길을 아이에게 가르치라 그리하면 늙어도 그것을 떠나지 아니하리라"(잠언 22:6)는 말씀을 명심하십시오.

1. 성경적 훈계를 시작하기에 앞서

1. 성경적 훈계의 모델

인본주의에서는 인간을 본성적으로 선하다고 보기 때문에 자녀를 민주주의로 키우도록 권장합니다. 부모나 리더의 권위도 부정적으로 보는 경향이 있습니다. 흔히 "아이 기죽이지 마라."고 말합니다. 이러한 표현에는 자녀 속에 숨어 있는 죄성(죄의 경향성)에 대해서는 인정하지 않고 오히려 자녀에게 자유와 만족을 제공하는 것이 옳다는 인본주의 사상이 녹아 있습니다.

그러나 성경은 아이 속에는 이기적이고 반항적인 본성이 있다고 말합니다. 부정적 본성을 훈계로 다스리면서 바로잡아 주어야 함을 강조하고 있습니다. 그래서 성경은 부모의 권위는 하나님의 권위를 대신하며 진정한 권위는 필요하다고 인정하고 있습니다. 진정한 권위는 신성한 것입니다.

자녀는 어릴 때부터 부모의 권위를 경험해야 합니다. 그리고 부모의 권위에 순종하도록 가르침을 받아야 합니다. 제한과 질서와 순종을 배워야 한다는 것입니다. 설사 충돌과 갈등이 있더라도 자녀의 궁극적 행복을 위해 어릴 때부터 훈계를 해야 하는 것입니다. 훈계에 관한 인본주의 모델과 성경적 모델을 비교하면 아래와 같습니다.

인본주의 모델	성경적 모델
인간은 선하다.	인간은 죄성을 지니고 있다.
민주주의 모델이다.	부모는 자녀의 권위자이다.
권위는 나쁘다.	아름다운 권위는 신성한 것이며 필요하다.
자녀에게 자유를 준다.	제한과 질서와 순종을 가르쳐야 한다.
충돌과 갈등을 피한다.	충돌과 갈등이 있어도 훈계해야 한다.
지금 만족감을 준다.	궁극적 만족을 위해 지금은 훈계가 필요하다.

2. 성경적 훈계는 벌이 아닙니다

성경적 훈계는 벌을 주는 것이 아니라, 훈련하고 수정해 주는 것을 뜻합니다. 다시 말하면, 영어의 '벌'을 뜻하는 punishment가 아니라 '훈련'과 '수정'을 뜻하는 discipline, correction을 의미합니다. 훈계는 자녀가 바른 길로 가도록 힘껏 도와주며 훈련시키는 것을 뜻합니다.

하나님 아버지도 마찬가지입니다. 하나님은 우리를 벌하시는 분이 아닙니다. 그러나 가끔 고난을 통해 우리의 행동을 수정해 주시며 바른 길로 가도록 훈계하십니다. "내 아들아 주의 징계하심을 경히 여기지 말며 그에게 꾸지람을 받을 때에 낙심하지 말라 주께서 그 사랑하시는 자를 징계하시고 그의 받으시는 아들마다 채찍질하심이니라…"(히브리서 12:5–13).

성경적 훈계는 자녀의 드러난 행위나 성취나 성적 등을 보고 반응하는 것이 아니라, 자녀의 마음속에 숨어 있는 죄성과 불순종과 마음의 동기를 보고 반응하는 것입니다. 이것이 세상적 훈계와 성경적 훈계의 가장 큰 차이입니다.

부모는 자녀를 야단치면서 "다 너를 위해서야." 하고 말하곤 합니다. 그러나 조금만 생각해 보면 대부분의 경우에는 진정 자녀를 위한 것이라기보다는 부모의 일시적 감정 반응이었다는 것을 깨닫습니다. 훈계한 다음에 자녀가 사랑과 안정감을 느꼈는

세상적 훈계 | 아이에게(to)	성경적 훈계 | 아이를 위해(for)
혼내 주려는 목적	고치려는 목적
드러난 행위를 보고	마음의 동기를 보고
자녀의 마음에 분노와 반항심	자녀의 마음에 사랑과 안정감
화가 나서	안타까운 마음으로
단기적 목표	장기적 목표
일평생 훈계	어릴 때 거의 완성됨
사춘기 때 반항심	사춘기를 잘 통과할 수 있음

가, 아니면 분노와 좌절감을 겪었는가를 따져 보면, 성경적 훈계가 이루어졌는지를 가늠해 볼 수 있습니다.

3. 훈계는 부모의 사명입니다

부모는 자녀를 반드시 훈계해야 합니다. 하나님이 부여하신 부모의 권위를 자녀 훈계를 위해 효과적으로 사용해야 합니다. 하나님이 맡겨 주신 부모의 권위를 남용해서도 안 되지만, 유기해서도 안 됩니다. 성경은 자녀가 부모에게 순종할 것을 가르칩니다. 부모는 하나님을 대신하고 있기 때문입니다. 부모 공경과 순종을 배운 자녀는 나중에 하나님 아버지를 공경하고 순종할 줄 아는 복된 자녀가 됩니다.

우리 사회를 볼 때 안타까운 것은 자녀들이 스승이나 부모의 권위를 존경하지 않는 일입니다. 우리 사회의 문제 대부분은 '권위'를 인정하지 않는 데서 비롯됩니다. 권위에 순종하는 기본을 배우는 곳은 가정입니다. 그래서 사회가 질서 있게 바른 길로 가려면 부모의 권위가 회복되어야 하고, 자녀는 부모의 훈계를 통해 바른 길로 가도록 인도되어야 합니다. 이를 위해 부모는 마땅히 올바르게 훈계하고 부모에 대한 순종을 가르쳐야 합니다. 훈계는 부모의 사명입니다.

for parents

부모 권위 회복 운동

자동차마다 "부모 권위를 회복합시다." 하는 스티커를 붙이고 다녔으면 좋겠습니다. 부모 권위가 회복되면 우리 사회가 회복됩니다. 부모 권위 회복 운동이 일어나기를 기대합니다.

2. 훈계에 관한 말씀

▎자녀들아 너희 부모를 주 안에서 순종하라 이것이 옳으니라 네 아버지와 어머니를 공경하라 이것이 약속 있는 첫 계명이니 이는 네가 잘 되고 땅에서 장수하리라(에베소서 6:1-3).

세상에서는 기독교가 제사를 지내지 않는다고 불효의 대명사처럼 말하기도 합니다. 그러나 성경은 부모에 대한 공경과 효도를 하나님에 대한 공경과 효도에 비유하며 강조하고 있습니다. 성경은 부모를 공경하고 부모 말씀에 순종하면 번영하고 장수한다고 축복의 약속을 하고 있습니다. 거듭 말하자면, 내 자녀가 땅에서 잘되고 복받게 하려면 순종을 가르쳐야 하고 이를 위해 자녀를 훈계해야 한다는 것입니다.

▎마땅히 행할 길을 아이에게 가르치라 그리하면 늙어도 그것을 떠나지 아니하리라(잠언 22:6).

성경적 훈계는 주로 어린 시절에 완성되어야 합니다. 자녀의 인격과 성품은 어린 시절에 형성됩니다. "세 살 버릇 여든까지 간다."는 속담처럼 자녀가 아직 어릴 때 마땅히 가야 할 진리의 길을 반드시 가르쳐야 합니다. 어린 자녀의 좋은 습관을 어릴 때부터 심어 주십시오. 그것이 훈계하는 사랑입니다.

▎아이의 마음에는 미련한 것이 얽혔으나 징계하는 채찍이 이를 멀리 쫓아내리라(잠언 22:15).

▎초달을 차마 못하는 자는 그 자식을 미워함이라 자식을 사랑하는 자는 근실히 징계하느니라(잠언 13:24).

▎아이를 훈계하지 아니치 말라 채찍으로 그를 때릴지라도 죽지 아니하리라 그를 채찍으로 때리면 그 영혼을 음부에서 구원하리라(잠언 23:13-14).

탈선과 범죄로 얼룩진 삶을 살고 있는 자녀를 둔 부모님들이 피

눈물을 흘리며 후회하고 한탄하는 것을 자주 목격합니다. 그들은 한결같이 어릴 때 좀 더 강하게 훈계하지 못한 것을 몹시 안타까워합니다. 성경에서는 훈계하지 않는 것이 자녀를 미워하는 것이라고 말해 줍니다. 또 훈계는 그 영혼을 음부에서 구원하는 일이라고까지 강조하고 있습니다.

▌네 자식을 징계하라 그리하면 그가 너를 평안하게 하겠고 또 네 마음에 기쁨을 주리라(잠언 29:17).

▌채찍과 꾸지람이 지혜를 주거늘 임의로 하게 버려두면 그 자식은 어미를 욕되게 하느니라(잠언 29:15).

실제로 훈계의 결과는 자녀의 사춘기 때 극명하게 나타납니다. 어릴 때 엄하게 훈계를 받은 자녀는 사춘기가 되어도 부모에게 순종함으로 기쁨을 주는 것을 봅니다. 반대로 어릴 때 훈계하지 않고 멋대로 행동하게 내버려 둔 자녀는 사춘기가 되었을 때 부모에게 근심과 걱정을 끼치는 것을 자주 봅니다. 바르게 훈계하면 자녀는 부모의 기쁨이 됩니다.

▌내가 그 집을 영영토록 심판하겠다고 그에게 이른 것은 그의 아는 죄악을 인함이니 그가 자기 아들들이 저주를 자청하되 금하지 아니하였음이니라(사무엘상 3:13).

▌때에 학깃의 아들 아도니야가 스스로 높여서 이르기를 내가 왕이 되리라 하고 자기를 위하여 병거와 기병과 전배 오십 인을 예비하니 저는 압살롬의 다음에 난 자요 체용이 심히 준수한 자라 그 부친이 네가 어찌하여 그리하였느냐 하는 말로 한 번도 저를 섭섭하게 한 일이 없었더라(열왕기상 1:5-6).

성경에는 자녀가 저주를 자청하는 것을 보고도 훈계하지 않아서 가정이 몰락한 엘리 제사장의 이야기가 기록되어 있습니다. 또한 어려서부터 한마디 꾸지람도 듣지 않아서 결국 아버지 다윗을 반역하다가 멸망한 아도니야의 이야기도 있습니다. 이 이야기가 우리에게 주는 교훈은 큽니다. 비록 믿음의 가정, 하나님 사역자의 가정이라 할지라도 하나님의 방법대로 자녀를 훈계하지 않으면 그 결과는 생각보다 무섭다는 것입니다. 부모가 믿음 생활을 잘한다고 해서, 자녀의 앞날이 보장되지는 않습니다. 부모는 자녀의 문제를 주님께 맡기고 기도할 뿐 아니라, 하나님의 말씀대로 자녀가 어릴 때부터 반드시 훈계를 실행해야 합니다.

아비들아 너희 자녀를 노엽게 하지 말고 오직 주의 교양과 훈계로 양육하라(에베소서 6:4).

그러나 부모의 권위를 잘못 사용하여 자녀에게 노여움을 주어서는 안 됩니다. 부모의 권위가 자녀를 학대하는 도구로 쓰여서는 절대로 안 됩니다. 훈계라는 이름으로 자녀에게 상처를 주는 일은 없어야 합니다. 성경적 훈계는 자녀를 노엽게 하지 않습니다. 바르게 훈계하면 자녀는 오히려 부모의 사랑과 마음의 안정감을 경험합니다.

3. 사랑과 훈계의 균형

사랑과 훈계는 균형을 이루어야 합니다. 사랑 없는 훈계는 자녀에게 상처와 분노를 가져다주는 반면에, 훈계 없는 사랑은 자녀를 그릇된 길로 가도록 해서 결국 자녀를 망치고야 맙니다. 부모로서 내가 사랑과 훈계 둘 중 어느 하나에 치우쳤는가를 점검해 볼 필요가 있습니다. 사람마다 치우침이 있기 때문입니다.

만일 이제껏 사랑만으로 자녀를 키워 왔다면 지금부터는 엄격한 훈계를 회복해야 합니다. 또 이제껏 훈계에만 치우쳐 있었다면 따스한 사랑의 마음을 하나님께 구하십시오. 다음 설명을 통해서 부모로서 나 자신의 모습을 점검해 봅시다.

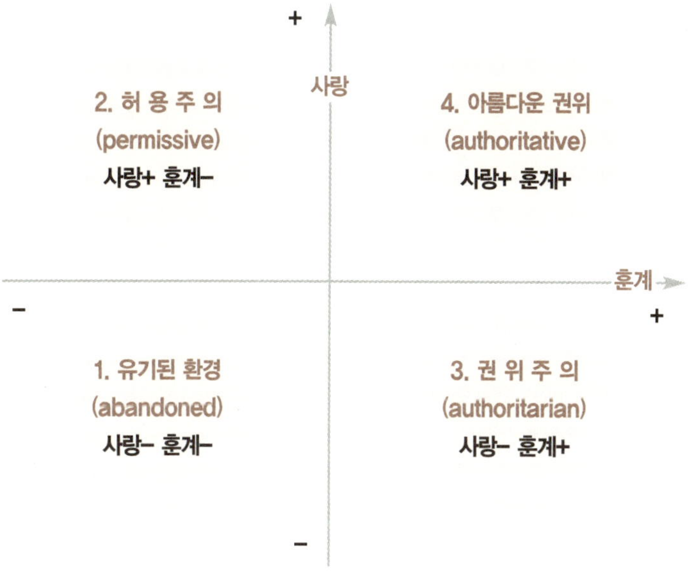

1. 유기된 환경(abandoned)

부모가 사랑도, 훈계도 전혀 주지 못한 경우입니다. 부모가 또는 부모 역할이 부재한 경우입니다. 부모가 전혀 나를 돌보지 않는 것 같은 마음을 느낍니다. 부모에게 올바르게 훈계받는 친구들

for parents

자녀 학대 문제

우리 주위를 살펴보십시오. 혹시 학대받는 어린이가 있는지 주의와 관심을 기울여야 합니다. 어린이는 보호받아야 합니다. 신체적 폭력뿐만 아니라, 언어적으로 또는 정서적으로 학대받지 않도록 보호받아야 합니다. 학대받은 어린이는 여러 가지 심리적 증후를 겪기 때문에 주위 어른들에 의해, 또는 법에 의해 보호받아야 합니다.

for parents

고집 꺾기

어린 아이가 계속해서 말썽을 부릴 때 그들이 마음속으로 부르짖는 메시지가 있습니다. "날 좀 바르게 인도해 주세요!" 하는 SOS입니다. 자녀가 부모의 올바른 훈계를 받지 못했을 때, 부모와 힘겨루기를 하는 경우가 많습니다. 떼를 쓰고, 고집을 부리고, 은근히 잘못을 반복하면서 부모를 테스트합니다. 과연 나를 제압할 수 있는지를 알아보는 것입니다. 그들에겐 단호한 규제가 필요합니다. 자녀를 정말 사랑한다면 강한 마음으로 자녀를 훈계해야 합니다. 훈계는 아이를 혼내 주는 것이 아니라, 자녀를 여전히 사랑하면서 바른 길로 가도록 도와주는 것을 뜻합니다.

을 부러워하는 경우도 있습니다.

사랑받지 못하는 것도 커다란 상처입니다. 유기된 환경에서 자란 자녀는 항상 마음에 허전함을 느낍니다. 또한 외로움과 마치 버림받은 것 같은 느낌을 받습니다. 그 결과 삶의 원동력을 느끼지 못하는 경우가 많습니다.

2. 허용주의(permissive)

오직 사랑만을 부어 주는 경우입니다. 권위와 훈계 없이 사랑만을 부어 주면, 자녀는 이기적이고 책임감 없는 사람으로 자라납니다. 자녀가 마땅한 훈계를 받지 않으면 자기 훈련(self-discipline)의 능력을 배우지 못합니다. 나약하고 결단력이 없는 사람이 됩니다. 특히 십대 청소년 중 대부분의 비행 청소년 문제는 부모가 단호한 사랑, 즉 훈계로 자녀를 미처 잡아 주지 못한 데서 비롯됩니다. 부모는 권위를 가지고 자녀에게 제한과 규제를 주어야 합니다. 특히 어릴 때 마땅히 가야 할 길을 가르치는 것이 부모의 사명입니다.

3. 권위주의(authoritarian)

이번에는 훈계와 권위만을 가진 부모 유형입니다. 부모가 자녀에게 따스한 사랑과 격려는 주지 않고, 주로 야단치고 혼내는 무서운 태도만을 보이는 경우입니다. 이런 부모 밑에서 자란 아이는 위축되고 두려움이 많고 자신감이 없으며 열등감과 함께 분노심을 품습니다. 이렇게 권위주의 부모 밑에서 자란 청소년은 아주 반항적인 태도를 취하거나, 아니면 부모 말에 억지로 순종은 하지만 마음으로는 많은 거부감과 상처를 지니고 있는 경우가 많습니다.

4. 아름다운 권위(authoritative)

BPS 부모가 가져야 할 태도로써 사랑과 권위가 모두 균형 있게 전달되는 경우입니다. 따스한 사랑을 표현하고 전달하지만, 때로는 단호한 권위로 안 되는 것은 안 된다고 바르게 훈계하며 잡아 주는 태도입니다.

우리가 믿고 의뢰하는 하나님 아버지는 사랑과 공의를 함께 지닌 분이십니다. 하나님이 사랑과 공의를 함께 해결하신 사건이 십자가 사건입니다. 우리를 한없이 사랑하신 하나님은 십자가에서 우리의 허물과 죄의 무서운 결과, 그 값을 다 치루면서 사랑을 완성하셨습니다. 우리가 하나님께 복종하는 것은 사랑과 공의를 함께 지니신 하나님의 아름다운 권위 때문입니다. 부모도 이와 같은 아름다운 권위로 자녀를 양육해야 합니다.

이처럼 아름다운 권위로 양육받은 자녀는 밝고 반듯하고 예의 바르며 창의성이 있습니다. 또한 어른을 공경할 줄 알고 하나님을 공경할 줄 압니다.

⚠ **여기서 잠깐** 네 가지 중에서 나의 자녀 양육 스타일은 어떤 것일까요? 생각해 보세요.

for parents

사랑과 공의

어느 재판관이 "죄의 삯은 사형"이라고 선포했습니다. 그런데 어느 날 사랑하는 아들이 죄를 짓고 법정에 들어왔습니다. 아버지는 많은 고민 끝에 결국 '사형'이라는 언도를 내렸습니다. 공의의 재판관이셨기 때문입니다. 스스로 재판관 가운을 벗은 채, 땅 아래 법정으로 내려왔습니다. 그러곤 아들 대신 친히 사형을 당했습니다. 이 사건이 바로 예수 그리스도의 십자가 사건입니다.

4. 나이에 따른 훈계의 4단계

훈계에도 나이와 때에 따라 그 성격과 목적이 달라집니다. 나이에 따른 훈계의 단계를 다음과 같이 4단계로 나누어 설명할 수 있습니다.

1단계: 권위와 순종의 단계(0-5살)

이 단계는 태어나서 약 5살 이전까지의 시기를 말합니다. 이때 훈계의 목적은 아이 마음에 부모로서의 권위와 그에 대한 순종을 심어 주는 시기입니다. 부모의 권위란 억압적 자세가 아니라 질서의 상징으로서의 아름다운 권위여야 합니다.

어린 시절의 제한 없는 자유는 위험합니다. 이 시기의 자녀는 부모의 말에 순종해야 합니다. 마치 운동선수가 코치에게 훈련을 받기 이전에 처음 단계로 코치의 말에 먼저 순종해야 하는 것과도 같습니다. 코치의 말에 순종하지 않으면 다음 단계로 나아갈 수 없습니다. 첫 단추가 잘 채워져야 하듯이 자녀를 잘 양육하려면 어린 시절 부모의 권위에 순종하는 단계는 필수적입니다.

2단계: 구체적 훈련의 단계(6-12살)

자녀 양육의 두 번째 단계는 약 6-12살까지입니다. 구체적인 행동 하나하나를 가르치고 훈련하는 단계와도 같습니다. 운동선수를 훈련하는 코치가 한 동작 한 동작을 반복적으로 연습시키듯이 자녀를 훈련시키는 시기입니다. 때로는 즉각적 수정을 통해, 때로는 왜 그렇게 하면 안 되는가를 설명하면서 동작의 방법과 기술을 직접 보여 주어야 합니다. 운동선수가 코치의 시범을 보고 따라서 배우듯, 자녀가 부모의 언행을 보고 배우는 것입니다.

이 시기는 다음 실전의 단계로 나아가는 것을 준비하는 단계이기도 합니다.

3단계: 코치의 단계(13-18살)

세 번째 단계는 약 13-19살가량의 시기입니다. 자녀 스스로가 인생이라는 실전 게임에 뛰어드는 때입니다. 부모는 그들의 인생을 대신 살아 주어서도 안 될 뿐 아니라 대신 살아 줄 수도 없습니다. 단지 실전에서 지쳐 돌아온 자녀에게 마치 벤치에서 작전타임을 부른 다음 조언과 충고를 해 주는 코치와 같은 역할을 할 뿐입니다. 그러나 자녀가 부모의 조언을 무시하거나 듣지 않는다면 소용이 없습니다. 그러므로 1-2단계의 순종과 훈련의 단계가 선행적으로 중요한 것입니다.

4단계: 독립의 단계(친구와 같은 단계, 18살 이후)

이 시기는 자녀와 우정을 나누는 단계입니다. 물론 여전히 자녀는 우리의 자녀이지만 부모 자녀 관계는 새로운 단계로 발전합니다. 이제 코치는 시합에 따라 나가지도, 벤치에 앉아 작전타임을 갖지도 않습니다. 선후배 관계처럼 충고와 격려를 해 주며 자녀가 독립된 삶을 살도록 도와주는 시기입니다. 마치 예수님이 제자들을 사랑하고 훈련하시다가 때가 되었을 때 제자들을 친구라고 부르시며 자신의 마음을 나누시는 아름다운 장면과 같습니다. "이제부터는 너희를 친구라 하였노니…"(요한복음 15:15).

*Growing Kids God's Way (Ezzo, 1990)를 참조했습니다.

독립의 4단계

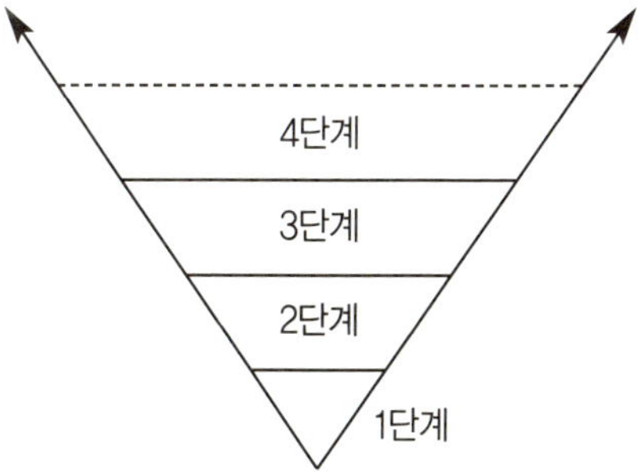

기·도·제·목

이번 만남을 통해 하나님께 올려 드려야 할 기도 제목을 적습니다.

나·눔·과·토·론

1. 나의 어린 시절, 부모에게서 감동적으로 훈계받은 경험이 있으면 나누어 보세요.

2. 부모가 나를 훈계하지 않아서, 사랑하지 않는다고 느꼈던 경험이 있으면 나누어 보세요.

3. 나의 부모는 어떠한 유형이었나요. 그 결과와 영향은 어떠했는지 나누어 보세요.

4. 나는 자녀에게 어떠한 유형의 부모인가요. 그 결과와 영향은 어떠한지 나누어 보세요.

5. 내 자녀는 어떤 훈계의 단계에 있나요? 나는 단계에 맞게 훈련하고 있는지 나누어 보세요.

상·담·코·너

Q 저는 시어머니를 모시고 살고 있습니다. 문제는 아이들을 훈계할 때 어머니가 아이들을 감싸는 것입니다. 그리고 왜 아이들을 야단치느냐고 오히려 저를 나무라십니다. 어떻게 하면 좋을까요.

A 자녀를 훈계할 때는 일관성이 매우 중요합니다. 즉 엄마와 아빠 외에도 자녀를 양육하는 위치에 있는 어른들이 자녀에게 동일한 가치관을 가르치며 똑같은 규칙을 요구해야 합니다. 엄마와 아빠와 할머니의 말이 서로 다르면 자녀는 혼돈을 겪습니다. 그 결과 훈계도 효과적으로 이루어지지 않습니다.

시어머님이 함께 사시는 가정에는 여러 가지 갈등이 생길 수 있습니다. 우선 시어머님과 며느리의 관계입니다. 두 사람 사이에 암묵적 불화가 있는 경우, 어린 자녀라 할지라도 긴장과 갈등을 온몸으로 느끼고 있습니다. 자녀 앞에서 엄마가 할머니 흉을 본다든가, 할머니가 엄마를 나쁘게 말하면 자녀는 눈치꾼이 될 수밖에 없습니다. 진정 자녀를 바르게 키우시려면 고부간 갈등부터 해결하셔야 합니다.

어찌하든지 시어머니와 친해지셔야 합니다. 함께 목욕도 가시고, 텔레비전 드라마도 보시고, 쇼핑도 다니십시오. 일단 허물없는 관계를 만드신 다음, 할 말을 하십시오. “어머니, 아이들을 훈계할 때는 제가 틀렸다 해도 그 순간에는 가만히 계셔 주세요.” 하고 부탁해 보십시오. “아이들 없을 때, 나중에 말씀해 주시면 제가 잘 듣겠습니다.” 하고 말한다면 대부분의 시어머님은 잘 받아들이실 것입니다.

남편에게도 부탁하십시오. 원망이나 불평처럼 말하지 말고 건설적인 대안을 제시하십시오. “여보, 우리 아이를 잘 키우고 싶으니. 엄마로서 나를 지지해 주세요. 그리고 아이를 위해서라도 우리가 먼저 하나가 됩시다.” 하고 부탁해 보십시오.

어른들이 하나가 되어야 자녀가 상처 없이 성장할 수 있음을 잊지 마십시오.

다섯번째

자녀 훈계 18계명

만남

introduction

더 늦기전에 자녀를 바로잡아 주십시오

자녀를 사랑으로 품는다는 것은 자녀가 해 달라는 대로 다 해 주는 것이 아닙니다. 또 훈계한다는 핑계로 상처를 주는 것이 아닙니다. 자녀들이 잘못된 길을 갈 때는 같이 아파하고, 그들을 때려서라도 바로 가도록 잡아 주는 것입니다. 그러면 우리 자녀는 그 안에서 오히려 안정감을 누립니다. 부모가 자신을 진정으로 사랑함을 깨닫고 행복감을 누립니다. 어린 자녀를 두신 부모님들은 빨리 이 원리를 적용해서 자녀 교육의 시행착오를 줄여야 합니다.

이미 공부했듯이 우리는 참으로 자녀의 인격과 생명을 존귀히 여기는 무조건적인 사랑, 그를 보고 기뻐하며 "네가 있어 행복하다."고 자꾸 말해 주는 사랑을 베풀어야 합니다. 그러나 또 다른 한 쪽에서는 부모님으로서 흔들리지 않는 권위를 가지고 자녀의 잘못을 바르게 지적해 주는 균형 잡힌 훈계를 해야 합니다. 그럴 때 우리의 자녀는 바르게 성장하는 것입니다. 이것이 성경의 원리입니다.

때문에 '어떻게 하면 상처를 주지 않고 자녀를 바르게 훈계할 것인가' 는 매우 중요합니다. 지금부터 그 원리를 하나씩 짚어 가기로 하겠습니다.

1. 평소에 조건 없는 사랑이 충분히 전달되었는지 확인하세요

사랑이 느껴지지 않는 훈계는 효과도 없을 뿐 아니라, 자녀의 마음에 상처만 줍니다. 사랑이 전달되지 않는 훈계는 형벌에 대한 두려움이 생길 뿐, 사람을 변화시키지 못합니다. "사랑 안에 두려움이 없고 온전한 사랑이 두려움을 내어 쫓나니 두려움에는 형벌이 있음이라 두려워하는 자는 사랑 안에서 온전히 이루지 못하였느니라"(요한일서 4:18).

부모에게 훈계를 받을 때, '부모님이 정말로 나를 사랑하시는구나.' '내가 잘되기를 바라시는구나.' 하고 느낄 수 있어야 훈계의 효과가 있습니다. 따라서 훈계가 잘 이루어지기를 원한다면 평소에 자녀에게 "사랑한다." 하는 표현을 많이 하십시오. 특히 자녀가 어떠한 일이 있어도, 혹시 내가 실수를 하더라도 부모는 나를 조건 없이 사랑하신다는 확신을 가지고 있어야 합니다. 평소에 자녀와의 좋은 관계를 유지하는 것이 훈계의 기본 전제입니다.

2. 자녀 마음에 상처를 주지 않도록 조심하세요

어린 자녀는 부모가 야단칠 때, 여러 가지 상처를 받기 쉽습니다. 훈계를 받으며 자녀는 마음속으로 잘못된 생각에 빠지기 쉽습니다. 이를테면 '엄마, 아빠는 나를 싫어하시는구나.' '나는 왜 이렇게 자꾸 잘못을 저지르는 것일까.' '나는 형편없는 아이다.' '나같이 나쁜 애는 언젠가 나쁜 벌을 받고 말 거야.' 같은 왜곡된 생각을 하는 것입니다.

훈계를 할 때 부모는 자녀의 마음에 지나친 죄의식이나 낮은 자존감의 상처가 생기지 않도록 조심해야 합니다. 훈계는 벌이 아니라 행동 교정임을 기억하십시오.

우리 인생도 마찬가지입니다. 살다가 고난과 어려움을 만났을 때 하나님은 벌이나 재앙을 주시는 분이 아니라는 확신만 있으면 고난은 너끈히 이겨낼 수 있습니다. 모든 고난은 우리에게 유익의 결과를 가져다줍니다. "너희를 향한 나의 생각은 내가 아나니 재앙이 아니라 곧 평안이요 너희 장래에 소망을 주려 하는 생각이라"(예레미야 29:11). 따라서 자녀를 훈계할 때 어떠한 일이 있어도 벌받는 것으로 느껴지지 않고, 오히려 부모의 사랑으로 느껴지도록 유의해야 합니다.

3. 잘못은 다루되 인격은 여전히 존중하세요

성경적 훈계는 죄는 미워하되 죄인은 사랑하는 자세를 계속 유지하는 것입니다. 즉 잘못은 다루되 잘못을 저지르는 자녀는 여전히 용납하고 사랑하고 존중해야 한다는 것입니다. 진정한 훈계는 잘못된 행동을 저지르는 자녀를 거부하는 것이 아닙니다. 단지 잘못된 행동을 수정해 주는 것에 목적을 두어야 합니다.

예를 들면 거짓말하는 자녀에게는, "엄마(아빠)는 여전히 너를 사랑하지만, 거짓말하는 것은 옳지 않다." 하는 자세를 가져야 합니다. "거짓말 하는 너는 아주 나쁘다." 또는 "너는 거짓말쟁이." 하는 메시지가 전달되어서는 안 된다는 것입니다. 설사 내가 나쁜 일을 저질러도 내 존재는 거부되지 않고 여전히 사랑받고 존중받는다는 확신이 있어야 훈계가 감동적으로 이루어집니다. 인격은 다루지 말고 잘못을 다루어야 합니다. 훈계하기 전에 자녀의 이야기를 한번 들어 보는 것도 인격 존중의 방법입니다.

4. 부부가 한뜻이어야 합니다

자녀를 훈계할 때, 엄마와 아빠가 불일치를 보이면 진정한 훈계는 어렵습니다. 이를테면 아빠가 자녀를 훈계하는데, 엄마가 아이를 감싸고돌면서 "당신은 뭐 잘했다고 아이한테 그러느냐."고 말한다면 자녀는 엄마 아빠의 눈치를 보며 자신이 유리한 쪽으로 피합니다. 이때 아이는 훈계에 대한 혼돈된 메시지를 전달받습니다. 그러면 훈계는 이루어지지 않습니다. 부모의 권위도 잃어버립니다.

효과적인 훈계를 위해서는 부모 사이에 자녀의 잘못된 행동에 대한 사전 대화가 필요합니다. 그리고 둘 중 누가 이 문제를 훈계하며 다룰 것인가를 결정합니다. 그 다음 그 사람이 훈계할 때 다른 한 부모는 한뜻으로 지켜보아야 합니다. 부모가 한마음과 한뜻으로 훈계하는 것이 훈계의 효과도 높고 자녀에게 안정감도 준다는 사실을 기억하십시오.

5. 평소에 부모의 말이 신실성이 있어야 합니다

훈계는 주로 말로 행해집니다. 따라서 훈계가 효과적으로 이루어지려면 평소에 부모의 말에 무게와 신실성이 있어야 합니다. 즉, 자녀가 부모의 말을 가볍게 여기는 상태에서는 훈계를 해도 전혀 소용이 없다는 것입니다.

그러므로 자녀에게 가짜 협박을 하지 말아야 합니다. 이를테면 "망태기 할아버지가 잡아 간다." "주사 꾹 놓는다." "경비 아저씨, 우리 애 좀 잡아 가세요." "너 그렇게 울면 여기다 놓고 갈 거야." "다시는 안 데리고 다닌다."와 같은 지키지도 못할 협박은 금물입니다. 그러한 협박은 자녀가 믿지도 않을뿐더러 괜히 부모의 권위만을 떨어뜨립니다.

또한 어떤 일에 있어서 부모가 "안 된다." 하고 말했다면, 그것은 반드시 '안 되어야' 합니다. 이를테면 슈퍼마켓에서 자녀가 "엄마, 이거 사 주세요." 하고 말했는데, 엄마가 "안 된다."고 무심코 말했다면 그것은 끝까지 허락되지 않아야 한다는 것입니다. 그래도 자녀가 계속 조르면 "엄마가 아까 안 된다고 했지? 엄마가 안 된다면 안 되는 거란다." 하고 처음 입장을 흔들림 없이 지켜야 합니다. 목청을 높일 필요도 없습니다. "엄마가 한 번 안 된다고 그랬으면 안 되는 거야." 하는 지속적인 태도를 보이면 자녀는 쉽게 포기하면서 오히려 안정감을 얻습니다.

그런데 많은 부모가 처음에는 안 된다고 했다가 자녀가 계속 조르면 "안 돼, 안 돼, 아이구 그래 돼." 하고 할 수 없이 양보합니다. 그러면 자녀는 부모는 "내가 하기 나름"이라는 생각을 품으면서 부모의 말을 흘려듣습니다. 평상시에 자녀 주장에 끌려다녀서 부모의 말에 신실성이 없으면 막상 엄하게 훈계를 해야 할 때는 성과를 기대하기 어려운 것입니다.

효과적 훈계를 위해서라도 평소에 자녀와의 약속은 반드시 지켜야 합니다. 사소한 약속이라도 지켜야 합니다. 지키지 못할 약속은 함부로 하지 말아야 합니다. 평소에 자녀와의 약속을 신실하게 지키는 것이 부모의 권위를 세우고 훈계할 때 높은 효과를 보장해 줍니다.

6. 일관성이 가장 중요합니다

훈계의 내용에 일관성이 있을 때, 훈계 효과가 높아집니다. 똑같은 일에 대해서 어제는 야단치고 오늘은 눈감아 준다면 그 훈계는 효과가 떨어집니다. '오늘은 괜찮은데 내일은 왜 안 되는 것일까?' 하며 자녀는 부모의 일관성 없는 태도나 규칙을 이해하지 못하기 때문입니다.

만일 밤 9시에 잠자리에 들도록 규칙을 정했다면 일관성 있게 그 규칙을 지켜 나가야 합니다. 물론 나이와 상황에 따라 시간을 조정하는 유연성은 필요합니다. 하지만 한번 부모가 정한 규칙은 아주 특별한 경우를 제외하고는 지켜져야 합니다. 자꾸 예외를 만들면 훈계는 일관성 있게 이루어지지 않습니다. 따라서 자녀가 지킬 수 있을 만한 훈계의 규칙을 정해서 시종일관하게 밀고 나가는 것이 중요합니다.

7. 장점을 격려하는 것도 훈계입니다

흔히 자녀의 잘못된 행동을 지적해 주고 야단치는 것만이 훈계라고 생각하기 쉽습니다. 그러나 훈계의 궁극적 목적은 자녀의 행동 수정과 바른 성품을 키워 주는 것에 있습니다. 그런데 혼내주고 야단치는 것만 훈계가 아닙니다. 이미 잘하고 있는 장점을

for parents

칭찬에 대한 명언

"사람들이 스스로 할 수 있다고 생각했던 것보다, 훨씬 더 성공하는 것은 누군가 그들의 능력을 믿고 격려해 주었기 때문이다."
–지그 지글러

찾아서 구체적으로 칭찬하고 격려하는 것 역시 훈계입니다.

효과적 칭찬이 부정적 행동을 야단치는 것보다 훨씬 교정의 효과가 크다는 것을 알고 계십니까? 사람은 칭찬받으면 좋은 행동이 더욱 강화되고, 나쁜 행동은 어느새 줄어듭니다. 평소에 칭찬과 격려를 잘 사용하는 것이 좋은 훈계가 된다는 것을 명심하십시오.

8. 평소에 책임감을 가르치세요

책임감이라는 성품은 배우고 계발해야 할 성품입니다. 책임감은 저절로 생기지 않습니다. 성품이 형성되는 어린 시절에 자녀에게 책임감을 가르쳐야 합니다. 그러기 위해 책임감을 배울 수 있는 기회를 마련해 주어야 합니다.

가족의 일에 자녀를 조금씩 동참시키는 것은 자녀에게 책임감을 심어 주는 좋은 방법입니다. 손님을 초청했을 때 자녀에게도 한 역할을 맡기십시오. 작은 분량이라도 가족 프로젝트에 참여시키는 겁니다. 이를테면 슈퍼마켓에서 물건을 구입할 때 자녀가 어떤 항목에 관해서는 스스로 선택해서 구입하도록 책임을 맡겨 보는 겁니다. 그리고 자신이 책임 맡은 물건은 집 안으로 나르고 제자리에 가져다 정리하는 것까지 부탁하십시오. 물론 자녀가 일을 해냈을 때는 크게 칭찬해 주는 것을 잊지 마십시오. “네가 엄마를 도와주어서 정말 고맙구나.” “이제는 다 컸구나. 아빠가 너에게 더 많은 일을 부탁해도 되겠다.” “우리 아들(딸)이 있으니 참 든든하다.” 같은 격려의 표현을 듬뿍 해 주어야 합니다. 평소에 책임감과 이타심을 훈련시키는 것 역시 훈계입니다.

요즘 많은 가정에서 자녀에게는 공부만 하라고 강요하고, 집안일에 대해서는 무관심하도록 내버려 두는 것을 봅니다. 그러면 자녀는 나중에 커서도 집안일이나 가족 일에 무관심합니다. 주위에서 어떤 일이 일어나든지 자신의 필요만 채우는 이기적인 사람이 되고 맙니다. 그러한 이기적 태도는 자녀 자신에게도 행복을 가져다줄 수 없을 뿐 아니라, 타인과 사회에 기여하는 지도자로도 성장할 수 없도록 만듭니다.

9. 훈계의 궁극적 목표는 자기 훈련(self-discipline)입니다

"세 살 버릇 여든까지 간다."는 속담처럼 자녀의 어린 시절에 형성된 습관은 일평생 자녀를 따라다닙니다. 자녀를 사랑한다면, 어릴 때 좋은 습관을 훈련시켜 주어야 합니다. 어릴 때 강한 훈련을 받으면 자녀는 일평생의 삶을 좀 더 수월하게 살아갈 수 있습니다.

어릴 때 강하게 훈련하십시오. 자기 절제와 자기 훈련을 가르치십시오. 결국 훈계란 자녀로 하여금 스스로 옳은 길을 선택하는 능력을 가르치는 훈련입니다. "마땅히 행할 길을 아이에게 가르치라 그리하면 늙어도 그것을 떠나지 아니하리라"(잠언 22:6)는 말씀을 명심하십시오.

평생 따라다니며 일일이 훈계할 수 없습니다. 부모가 대신 살아줄 수도 없는 것입니다. 자녀는 얼마 뒤 부모의 곁을 떠나갑니다. 자녀에게 스스로 자기 자신을 절제하며 훈련하는 능력을 심어 주는 것이 훈계의 궁극적인 목적입니다.

10. 자녀는 결국 부모의 삶을 보고 배운다는 것을 잊지 마세요

진정한 훈계는 삶과 행동으로 보여 주는 모델링을 포함합니다. 말과 혀만으로 자녀에게 좋은 성품과 습관을 심어 주기는 매우 어렵습니다.

자녀에게 "거짓말하지 말라."고 했으면 부모부터 거짓말을 해서는 안 됩니다. "부모를 공경하라."고 했으면 우리부터 부모님을 공경하는 모습을 보여 주어야 합니다. "부지런하라."고 했으면 우리부터 부지런해야 합니다. "하나님을 공경하라."고 했으면 우리부터 하나님을 공경하는 진실한 모습을 보여야 합니다.

자녀는 우리의 삶을 보면서 자연스레 모든 것을 배운다는 사

for parents

서로 사랑하십시오

자녀는 엄마 아빠가 서로 미워하고 있는 것을 감지합니다. 할머니 때문에 엄마가 갈등하고 있는 것도 알아챕니다. 부모가 교회를 다니면서도 서로 사랑하지 않는다는 것을 보고 느끼면서, 위선과 불일치로 사는 법을 은연중에 배웁니다.

실을 잊지 마십시오.

⚠ 여기서 잠깐 지금까지 자녀 훈계가 어려웠던 이유는 무엇일까요?

11. 훈계 이전에 가르침과 지시가 분명하고 적절해야 합니다

훈계를 하기 전에 정확한 가르침과 지시를 제시하는 것은 바른 훈계의 필수 조건입니다. 고쳐 주고 싶은 자녀의 행동이 있으면 자녀가 무슨 행동을 어떻게 수정해야 할지, 구체적으로 반복해서 설명과 가르침을 먼저 주어야 합니다. 그러한 가르침과 지시를 따르지 않았을 때는 훈계를 받는다는 경고도 분명히 전해야 합니다.

만일 분명한 지시를 주지도 않은 채, 잘못한 결과만을 가지고 야단을 치면 자녀는 야단을 맞으면서도 자신이 무엇을 잘못했는지 모릅니다. 그런 상황에서는 훈계가 이루어질 수 없습니다. 물론 가르침과 지시를 정할 때는 자녀의 나이, 능력, 기질, 성격 특성 등을 고려해야 합니다. 어린 자녀에게 너무 높은 수준을 요구해서는 안 됩니다. 너무 완벽한 수준을 요구하는 것도 금물입니다. 거듭 말하지만 훈계는 수정과 훈련을 위한 것입니다. 훈계의 목적은 자녀의 바람직하지 못한 습관을 조금씩 그리고 점차적으로 수정해 주는 능력 부여(empowering)라는 것을 명심하시기 바랍니다.

12. 부모의 감정 폭발이 아닌지 확인하세요

자신의 감정 상태에 따라 감정적으로 폭발하듯이 자녀를 야단치고는 훈계했다고 생각하는 부모가 많습니다. 부모가 흔히 저지르는 실수 가운데 하나입니다. 하지만 감정 폭발은 진정한 훈계가 아닙니다. 훈계란 부모의 기분을 전달하는 것이 아니라, 자녀의 바람직하지 못한 행동이나 태도를 보고 그것들을 올바르게 고쳐 주겠다는 의지를 가지고 반응하는 것입니다.

for parents

사랑의 매 사용법

- 주로 어릴 때 사용합니다.
- 널찍하고 부드러운 매를 준비하세요.
- 고의적으로 부모를 거역하고 반복적으로 반항할 때 매를 사용합니다.
- 실수나 성적에 대해서는 매를 들지 않습니다.
- 격함과 분풀이하듯이 때리지 말고, 차분함과 단호함으로 천천히, 아프도록 때립니다. 폭력적이어서는 절대로 안 됩니다.
- 잘못한 현장에서 즉시 다룹니다. 나이가 어릴수록 시간이 지나면 자신이 무엇을 잘못했는지, 왜 매를 맞는지 잘 모릅니다.
- 때리고 나서 약 10분-15분 후에, 허깅으로 사랑을 표현합니다. "아팠지? 하지만 엄마가 널 사랑하는 거 알지? 엄마는 단지 네가 계속 잘못된 행동을 하면 안 되니까 그런 거야. 알았지?"
- 매는 정해진 장소에 보관합니다. 보자기에 싸서 높은 곳에 올려놓으세요.
- 잘못할 때마다 때리지 말고 부모의 권위와 훈계의 상징으로 매를 사용합니다. 부모가 매를 들 수도 있다는 사실을 환기시키는 것만으로도 충분합니다.
- 거절감과 두려움의 상처를 주지 않도록 주의합니다.

감정이 격할 동안에는 오히려 기다리십시오. 속으로 하나, 둘… 열까지 숫자를 세면서 격한 감정이 가라앉기를 기다리는 것도 한 방법입니다. 바른 훈계는 목소리는 차분하고, 태도는 단호해야 합니다.

가장 좋은 방법은 훈계하기 전에 잠시 기도 시간을 갖는 것입니다. 주님께 문제를 올려 드리는 동안 내가 진정으로 자녀를 위해 훈계하는 것인지, 아니면 내 개인적인 욕심과 감정기복으로 반응하는 것인지 분별할 수 있습니다. 감정이 불처럼 일어서 자녀를 야단치면 자녀의 마음을 노엽게 할 뿐입니다. "너희 자녀를 노엽게 하지 말고 오직 주의 교양과 훈계로 양육하라"(에베소서 6: 4)는 말씀을 늘 기억하십시오.

13. 사랑의 매는 주로 어릴 때 사용하는 것입니다

어린 자녀는 아직 무엇이 옳고 그른지에 대한 분별력이 없습니다. 아직 어리기 때문에 논리적 설명으로는 왜 그런 일을 해서는 안 되는가에 대한 이해력이 떨어집니다. 그래서 어릴 때는 바람직하지 못한 행동에 대해 따끔하게 체벌함으로써 해서는 안 될 것에 대한 분별력을 길러 주는 것입니다. 매를 통해 부모의 권위에 대한 순종, 제한과 질서를 배우는 것입니다. "아이의 마음에는 미련한 것이 얽혔으나 징계하는 채찍이 이를 멀리 쫓아내리라"(잠언 22: 15)는 말씀에서 보듯이 매를 바르고 적절하게 사용하면 자녀의 마음속에 내재하고 있는 불순종과 거역의 영을 어릴 때 잡을 수 있습니다.

14. 문제 행동 이면에 있는 마음과 동기를 살펴 주세요

성경적 훈계는 겉으로 드러난 행동이나 결과를 보고 반응하는 것이 아니라, 그러한 행동을 한 마음의 동기를 살피는 것에서 시작되어야 합니다. 왜 거짓말을 했는지, 왜 동생을 때리는지, 왜 불순종하고 고집을 부리는지 그 숨은 동기를 살펴보아야 합니다. 마음의 동기를 다루어 주지 않으면 행동 변화는 일어나지 않기 때문입니다.

반면에 문제 행동의 숨은 동기를 헤아리며 다루어 주면 더욱 근본적인 변화가 자연스레 찾아옵니다. 보통 어린 자녀가 문제 행동을 보이는 데는 다음 4가지 숨은 동기가 있을 수 있습니다.

1. 사랑과 관심 끌기

자녀는 부모의 사랑과 관심을 끌기 위해 엉뚱한 행동을 표출하기도 합니다. 이를테면 동생이 생겼을 때, 부모의 사랑이 아기에게만 간다고 생각하면 갑자기 어린 아기처럼 행동하면서 퇴행을 보이는 것과도 같습니다. 부모가 서로 심한 갈등을 보이며 싸울 때는, 남의 물건을 훔쳐서라도 자신에게 관심을 집중시킬 수 있습니다. 이때 자녀의 문제 행동은 “엄마, 아빠 싸우지 마세요.” 하는 메시지인 것입니다. 자녀의 문제 행동이 부모의 사랑과 관심을 끌기 위한 것은 아닌지 그 마음을 살펴보아야 합니다.

2. 힘겨루기

특히 어린 자녀는 부모가 권위로 자신을 바르게 이끌어 주기를 본능적으로 원합니다. 그런데 자신이 보기에 부모가 자신을 제어할 만큼 강하지 못하다고 느끼면 반항 행동을 통해 어른과 힘겨루기를 시작합니다. 자신이 고집부리고 떼를 쓰면 부모가 언젠가는 질 것을 알기에 그런 행동을 지속하는 것입니다. 이제라도 확고하고 흔들림 없는 태도를 끝까지 보여야 합니다. 부모가 확고해지면 자녀는 의외로 안정감을 되찾으며 부모의 권위에 순복합니다.

3. 분노

인간은 누구나 부당함에 대해 분노합니다. 그런 분노는 정당한 감정이기도 합니다. 비록 어린 자녀라 할지라도 자신이 보기에

불공평하다고 느끼면 무의식적으로 여러 방어적 문제 행동을 표출하기 시작합니다. 부모가 다른 자녀만을 편애한다든가, 아빠 또는 엄마가 폭력적일 경우, 또는 자신이 부당한 대우를 받는다고 느낄 때, 분노와 복수심으로 문제 행동을 취한다는 것입니다.

4. 능력 부족

부모가 학업과 성취에 대해 너무 높은 기대를 요구하는 경우, 자녀는 능력 부족과 부적절감을 문제 행동으로 표출할 수 있습니다. 버겁기 짝이 없는 부모의 높은 기대를 일찌감치 포기시키려는 무의식적인 동기에서 비롯된 것입니다. 자신은 나름대로 노력했는데 격려와 칭찬은 없고 계속 더 잘하라는 재촉과 요구만 받을 때도 자녀는 무능감에서 비롯된 문제 행동을 일으킬 수 있습니다. 예를 들면 청소년의 탈선과 가출 등 문제 행동 이면에는 이러한 능력 부족의 동기가 있을 수 있습니다.

15. 다른 사람, 특히 형제(자매)를 놓고 비교하지 마세요

자녀를 훈계할 때, 다른 사람과 비교하면 오히려 역효과만 생깁니다. 누구나 자신이 남과 비교당하면 분노하는 마음이 생기기 때문입니다. "누구 집 아무개는 이번에 일등 했다더라." "그 집 아이는 공부도 잘하고 부모 말도 얼마나 잘 듣는지 몰라." 하는 말은 삼가야 합니다. 더욱이 같은 형제나 자매를 놓고 비교하는 것은 금물입니다. 형제자매 사이에 경쟁과 미움과 불화를 불러들이기 때문입니다.

16. 무책임한 행동에 대해서는 스스로 결과를 겪게 하세요

자녀는 자신의 행동에 대해 책임지는 법을 배워야 합니다. 자신의 행동과 선택에 따른 자연적 결과와 교훈을 경험하도록 해야 합니다. 노는 데 정신이 팔려 밥을 안 먹겠다고 했으면 배고픔을 겪도록 하고, 추운 데 옷을 안 입고 나가겠다고 했으면 추위를 겪

for parents

신경증과 성격장애

"신경증을 앓고 있는 사람들은 모든 잘못의 원인과 책임이 모두 자기에게 있다고 생각하는 사람들이며, 성격장애를 앓는 사람들은 모든 잘못의 책임은 세상과 타인에게 있다고 치부하면서 도무지 책임감이라곤 찾아볼 수 없는 사람들이다."
– 스캇 펙, 《아직도 가야 할 길》

도록 해야 합니다. 그런데 부모가 걱정이 되어서 먹을 것을 챙겨 주고 따스한 옷을 가져다주면, 자녀는 자신이 무책임해도 아무 문제없다는 무책임감을 배웁니다. 무책임한 사람은 나중에 어른이 되어 많은 문제를 일으킨다는 것을 명심하십시오.

17. 마음과 감정에 호소하세요

자녀가 성장해 갈수록 훈계는 더욱 인격적이어야 합니다. 10살만 넘어도 단순한 체벌만으로는 행동 수정이 어렵습니다. 오히려 자녀가 마음에 감동을 받을 때 진정한 훈계가 이루어집니다. 때로는 진솔한 대화로 풀어 가야 하며, 때로는 우정 어린 설득으로 호소해야 합니다. 자녀가 클수록 마음이 변화하지 않고는 행동도 변화하지 않기 때문입니다. 사람은 감동받으면 변화합니다. '부모님은 어떠한 일이 있어도 나를 사랑하신다.' 는 것이 가슴으로 느껴질 때 자녀는 진정한 감동을 받습니다.

18. 자녀를 위해 기도하세요

자녀가 성장해 갈수록 기도 없이는 부모 역할을 할 수 없다는 것을 절감합니다. 우리 부모는 자녀를 향해 주님께서 가르쳐 주신 것과 같이 "시험에 들게 하지 마옵시고 다만 악에서 구하옵소서" (마태복음 6:13) 하는 보호의 기도를 그쳐서는 안 될 것입니다. 다음과 같이 기도하십시오.

"주님, 악으로 가득 찬 이 세상에서 저희 자녀들이 주님의 진리 가운데 살아갈 수 있도록 주의 성령과 능력으로 강건케 하옵소서. 주님, 저희 부모가 주의 청지기의 역할을 잘 감당할 수 있도록 주의 성령과 능력으로 강건케 하옵소서."

사실 성경적 훈계란 기도로 시작해서 기도로 끝나는 것이라고 말해도 지나치지 않습니다. 우리의 자녀들이 모두 다니엘과 같이 세상에 있으면서도 세상에 물들지 않는 주의 자녀로서 승리하는 삶을 살 수 있도록 쉬지 말고 기도해야 합니다.

for parents

효과 없는 기도

자신은 작은 행동도 변화하려 하지 않으면서 "다른 사람을 바꾸어 주시옵소서." 하고 외치는 기도는 하나님의 응답이 없을 것입니다. 하나님은 "나를 먼저 변화시켜 주옵소서." 하는 기도를 기뻐게 받으십니다. 그리고 내가 먼저 변화하면 옆에 있는 가족도 어느새 변화하기 마련입니다.

기·도·제·목

이번 만남을 통해 하나님께 올려 드려야 할 기도 제목을 적습니다.

나·눔·과·토·론

1. 나의 어린 시절을 떠올리면서 부모가 훈계할 때 자녀들이 상처받을 수 있는 상황을 생각해 보세요.

2. 자녀 훈계 18계명 가운데 잘 지키고 있는 것은 무엇인지 나누어 보세요.

3. 자녀 훈계 18계명 가운데 잘 지키지 못하는 것은 무엇인지 나누어 보세요.

4. 지금 내 자녀가 가지고 있는 문제점 가운데 훈계를 바르게 하지 않아서 비롯된 일은 없는지 나누어 보세요.

5. 왜 나는 자녀를 훈계하기 어려운지, 그 원인을 생각해 보세요.

6. 훈계의 성공적 사례를 나누어 보세요.

Click point

자녀가 받을 수 있는 마음의 상처

1 죄책감

"너 아주 나쁜 애구나."

"어떻게 그렇게 나쁜 짓을 할 수 있니?"

"정말 못된 애구나."

"벌받는다."

"하나님도 너를 싫어하실 거다."

"네가 말 안 들으니까 엄마가 아픈 거란다."

이런 말은 금물입니다. 지나친 도덕주의는 어린 자녀에게 해롭습니다. 죄책감은 진정한 행동 변화를 가져오지 않습니다. 오히려 죄책감은 낮은 자존감과 열등감의 원인이 됩니다.

2 실패감

"너 또 실수했지?"

"또 잘못했구나."

"뭐 하나 잘하는 게 없구나."

"이번에는 제대로 하나 보자."

이런 표현은 자녀에게 '나는 언제나 실수만 한다.' '나는 뭐 하나 잘하는 게 없다.' 하는 무능감과 실패감을 심어 줍니다. 실패감이 많으면 새로운 시도와 건강한 모험을 피하기 마련입니다. 실패에 대한 두려움은 또 다른 실패를 낳기 쉽습니다.

3 두려움

어린 자녀들은 쉽게 두려움을 경험합니다. 따라서 협박하는 태도는 금물입니다.

"말 안 들으면 엄마 나가 죽어 버릴 거야."

"바깥으로 내쫓아 버릴 거야."

협박은 삼가야 합니다. 어떤 부모는 아이를 훈계하기 위해 목욕탕의 불을 끄고 컴컴한 공간에 가두어 놓기도 한다는 이야기를 들었습니다. 이때 자녀가 얼마나 놀라고 두려울지 생각해 보아야 합니다. 그때 느낀 두려움은 자녀가 성인이 된 다음 패쇄 공포증 같은 여러 가지 징후로 나타날 수 있기 때문입니다. 진정한 사랑은 두려움을 주지 않는다는 것을 잊지 말아야 합니다.

4 거절감

어떠한 일이 있어도 사랑을 미끼로 훈계하면 안 됩니다. 어떠한 일이 있어도 사랑을 거둬들이면 안 됩니다.

"네가 말 안 들으면 엄마(아빠) 아들(딸) 아니야."

"말 안 들으면 미워할 거야."

이런 말은 삼가야 합니다. 사랑을 가지고 자녀를 조종하지도 말아야 합니다. 냉정한 태도는 더욱 해롭습니다. 어릴 적에 부모의 따스한 사랑을 전혀 느끼지 못했기에 평생 사랑받으려고 애쓰면서 고통받는 많은 젊은이들이 있다는 것을 명심하십시오.

5 열등감

열등감은 자기 자신이 다른 사람에 비해 여러 가지로 뒤떨어진다고 느끼는 것입니다. 외모에 대해서, 능력에 대해서 열등감을 가질 수 있습니다.

"왜 그렇게 생겼니? 키가 좀 더 컸으면 좋을 텐데."

"너는 왜 이런 것도 못하니?"

"다른 사람은 잘하는데 너는 왜 이 모양이니?"

이런 부모의 말을 듣고 성장한다면 열등감이 생길 수밖에 없습니다. 열등감을 가진 사람은, 대인 관계뿐 아니라 정신 건강에도 무척 어려움을 겪습니다.

상 · 담 · 코 · 너

Q 남편이 아들에게 욕을 하고 소리를 지르고 손찌검도 합니다. 아이의 눈에서 벌써 분노가 느껴집니다. 엄마로서 어떻게 처신해야 할지 너무나 안타깝습니다.

A 아버지의 폭력은 아이에게 엄청난 상처를 남깁니다. 신체 폭력뿐 아니라 언어 폭력 역시 자녀에게 분노와 복수심을 불러일으킵니다. 그래서 폭력을 당하며 자란 자녀는 자신도 모르게 폭력을 사용하는 사람이 되기 쉽습니다. 따라서 어린 자녀는 폭력으로부터 보호받아야 합니다. 법적으로도 보호받아야 하지만, 실제로는 그것이 쉽지 않습니다. 가정에서 발생하는 일상적 폭력을 일일이 신고할 수 없기 때문입니다.

남편은 분명 역기능 가정에서 성장했을 것입니다. 그 자리에서 남편을 공격하기보다는 평소에 남편과 대화를 시도하십시오. 비난하는 것은 전혀 도움이 되지 않습니다. 비난받으면 더 거칠어지기 때문입니다. 비난하지 않으면서 정확하게 뜻을 전달하는 대화법 '나 전달법'을 배우시기 바랍니다. 남편이 기분 좋을 때 많은 이야기를 나누십시오. 이런저런 이야기를 나누면서 자녀의 마음을 대언해 보십시오.

"여보, 당신이 아이에게 격한 말을 할 때 아이가 많이 놀라고 화가 나고 위축되고 상처를 받는 것 같아요."

그러면서 직면적 대화도 시도해 보십시오.

"어떠한 일이 있어도 아이에게 폭언이나 손찌검을 해서는 안 돼요."

하고 단호하게 말하십시오. 그리고 자녀와의 대화도 시도하십시오. 마음을 만져 주어야 합니다.

"아빠가 너한테 소리 지를 때, 너 화나고 무서웠지?"

하고 공감해 주십시오. 그러나 아빠를 나쁘게 말하지는 마십시오.

"아빠는 너를 사랑하시는데, 자꾸 화나는 일이 있나 봐. 절대로 네가 나쁘거나 너를 미워해서 화내는 것이 아니란다. 우리 아빠가 화내지 않게 해 달라고 예수님께 기도하자."

하고 위로해 준다면 그나마 상처를 줄일 수 있을 것입니다.

4

자녀 발달, 어떻게 이해할까

"천하에 범사가 기한이 있고 모든 목적이 이룰 때가 있나니"(전도서 3:1). 모든 것에는 때가 있고 목적이 있습니다. 모든 순간마다 부모의 역할은 중요하면서도 때를 따라 적합한 역할과 융통성이 요구되기도 합니다. 때문에 자녀의 발달 단계를 이해하면서 그에 따른 부모의 역할과 과제를 수행하는 것은 매우 중요한 것입니다.

유아기와 걸음마기 _ 학령전기 _ 학령기 _ 청소년기

여섯번째

유아기와 걸음마기(생후 3살까지)

만남

introduction

어린시절이 가장 중요합니다

유아기는 자녀의 성격 형성에 가장 중요하고 결정적인 시기입니다. 아무것도 모르는 것 같지만 아기는 온몸으로 엄마와 세상을 감지하면서, 성격의 기초를 형성하는 시기인 것입니다. 태어나서 3살까지를 잘 통과하면 그 다음부터 자녀 양육은 훨씬 순조롭게 이루어질 수 있습니다.

유아기에는 나를 절대적으로 사랑하는 엄마(또는 양육자)가 필요합니다. 엄마의 품과 스킨십을 통해 충분한 돌봄과 애착을 느껴야 합니다. 또 눈맞춤과 옹알이 반응을 통해 사랑의 반응을 느껴야 합니다. 엄마는 아기에게 있어서는 우주와도 같고, 절대자와도 같은 존재입니다. 그래서 하나님은 엄마에게 하나님의 마음인 모성을 넣어 주셨습니다. 엄마의 마음이 하나님 마음인 것입니다.

먼저, 행복한 엄마가 되십시오. 그러기 위해 성령 충만한 엄마가 되십시오. 그래서 아기에게 행복을 넣어 주십시오. 엄마가 웃으면 아기가 웃고 엄마가 찡그리면 아기도 찡그립니다. 유아기 자녀에게 웃음과 행복과 기쁨을 듬뿍 넣어 주십시오. 행복한 자녀로 성장할 수 있도록 기초를 세워 주십시오.

1. 태아기

"주께서 내 장부를 지으시며 나의 모태에서 나를 조직하셨나이다 내가 주께 감사하옴은 나를 지으심이 신묘막측하심이라 주의 행사가 기이함을 내 영혼이 잘 아나이다 내가 은밀한 데서 지음을 받고 땅의 깊은 곳에서 기이하게 지음을 받은 때에 나의 형체가 주의 앞에 숨기우지 못하였나이다 내 형질이 이루기 전에 주의 눈이 보셨으며 나를 위하여 정한 날이 하나도 되기 전에 주의 책에 다 기록이 되었나이다"(시편 139:13-16).

태아는 그 자체로 이미 생명체이며 태초부터 예정하신 하나님의 자녀입니다. 이전에도 없었고 앞으로도 영원히 없을 유일무이한 귀한 존재입니다.

따라서 인공유산은 죄악입니다. 설사 장애를 지니고 태어났다 할지라도 하나님께는 소중한 존재이며, 하나님은 그 자녀를 통해 영광받으시길 원하시는 것입니다. 성경적 부모는 생명에 대한 소중함과 모든 자녀를 향하신 하나님의 섭리에 대해 경외하는 마음을 가져야 할 것입니다. "여인이 어찌 그 젖 먹는 자식을 잊겠으며 자기 태에서 난 아들을 긍휼히 여기지 않겠느냐 그들은 혹시 잊을지라도 나는 너를 잊지 아니할 것이라"(이사야 49:15).

태아는 엄마의 정서에 매우 민감하게 영향을 받습니다. 아기를 가진 엄마는 마음의 평안과 안정감을 유지하도록 노력해야 합니다.

"아기야, 엄마는 너를 환영한다."

"아기야, 하나님이 너를 사랑하고 계시단다."

이런 마음으로 아기를 품으십시오. 뱃속의 태아를 사랑과 기도로 보호하면서 아기의 탄생을 준비하는 마음을 가지시기를 간곡히 부탁드립니다.

2. 유아기(생후부터 – 1살 6개월)

엄마 뱃속에서 안전하게 지내던 아기가 바깥세상으로 나옵니다. 최초의 독립이 이루어진 것이지만, 아기는 엄마의 절대적인 보살핌 없이는 생존할 수 없습니다.

아기는 아무것도 모르는 것 같지만, 실은 온몸으로 엄마를 접촉합니다. 그리고 엄마를 통해서 세상을 느끼기 시작하는 것입니다. 입으로 들어오는 따스한 젖과 엄마의 부드러운 체온과 향취, 그리고 피부 접촉을 통해 엄마를 종합적으로 느끼기 시작합니다. 그리고 그 느낌이 내면화되면서 자기 자신의 존재를 느낍니다. 아기에게 엄마는 배고플 때 먹여 주고, 축축할 때 기저귀를 갈아 주고, 잠들 때 달래 주며 나의 모든 필요에 민감함으로 채워 주는 전능자와도 같습니다.

아기는 엄마(양육자)의 보호와 안전하다는 느낌을 경험해야 합니다. 일관성 있는 돌봄과 반응을 통해 세상이란 안전하고 한결같아서 예측 가능한 곳이라는 신뢰감을 경험해야 합니다.

아기는 2개월이 지나면 엄마를 서서히 알아보기 시작합니다. 이때 아기는 엄마와의 눈 맞춤(eye contact)과 옹알이에 대한 반응을 통해 엄마라는 대상과 애착 관계를 형성합니다. 아기에게 필요한 양육자의 특성은 아래와 같습니다.

1. 엄마(또는 양육자)에게 필요한 특성

- 안전감, 안정감 safe, secure
- 예측 가능한 predictable
- 품어 주는 holding, containing
- 자극하는 stimulating
- 민감한 sensitive
- 일관성 있는 consistent
- 달래 주는 soothing
- 용납하는 accepting
- 반응하는 responding
- 공감해 주는 empathetic

for parents

하나님의 성품

믿음이란 최면이나 적극적 사고가 아닙니다. 믿음이란 하나님이 누구신지 그분의 사랑과 구원의 성품을 알고 의뢰하는 의탁입니다. 따라서 믿음 생활이란 하나님을 더욱 알아 가는 것입니다. 하나님은 실로 환난 날에 피할 안전한 포구이며, 우리의 슬픔을 공감하시며 위로하시는 분이십니다. 엄마의 필요한 특성이 곧 하나님 아버지의 성품이라는 것이 놀랍지 않습니까?

⚠ **여기서 잠깐** 엄마로서 나에게 부족한 특성은 무엇일까요? 생각해 보세요.

2. 발달 과제: 기본 신뢰 vs 불신

발달 이론에 의하면 사람은 각 발달 단계마다 충족되고 획득되어야 할 심리적 과제가 있다고 합니다. 그 과제를 수행하지 못하면 어른이 되어서도 과제의 심리적 결핍이 생긴다는 것입니다.

막 태어난 아기는 약 1살 반까지 환경과 엄마 또는 양육자를 통해 기본 신뢰(basic trust)라는 발달 과제를 성취해야 합니다. 기본 신뢰란 이 세상에 대해 가지는 희망(hope)과도 같은 긍정적 심리 상태입니다. 기본 신뢰가 형성되지 못하면 반대로 기본 불신이라는 상처가 생깁니다. 즉 엄마를 통해 신뢰를 경험한 아기는 세상이란 안전하고, 시종일관하고, 예측 가능하고, 흥미진진하고 친절한 곳이라고 믿습니다.

*주로 에릭슨(Erikson)의 사회심리학적 발달 이론을 참조하였습니다.

3. 기본 신뢰의 속성은 다음과 같습니다

■ 자녀에게 해당되는 항목에 V 체크하세요.

- □ 이 세상은 본질적으로 믿을 만하다고 느낍니다.
- □ 세상에는 나쁜 사람들도 있지만 그래도 좋은 사람들이 더 많다고 생각합니다.
- □ 세상은 그래도 살아 볼 만한 곳이라고 생각합니다.
- □ 자신이 대체적으로 괜찮은 사람이라고 느낍니다.
- □ 삶이 어려워도 결국은 잘될 것이라는 믿음이 있습니다.
- □ 하나님이 선한 분이라는 느낌이 듭니다.
- □ 난 사랑받기 위해 태어난 사람이라는 것이 받아들여집니다.
- □ 다른 사람들과 신뢰 관계를 맺는 것이 어렵지 않습니다.
- □ 어려운 고난 속에서도 삶의 희망이 포기되지 않습니다.

for parents

불신

기본 신뢰가 성취되지 못했을 때, 자녀는 불신이라는 상처를 갖게 됩니다. 태어나서 처음 경험한 대상과 환경이 자신의 필요를 충족시켜 주지 못하고, 기대했던 사랑을 받지 못했을 때, 자녀는 희망 대신 불신을 갖는 것입니다. 이런 사람은 자신이 사랑받는다는 것을 믿기 어렵고, 마음 한구석에 우울과 비관적인 태도를 갖기 쉽습니다.

□ 하나님의 신실한 사랑과 약속이 잘 믿어집니다.

■ 체크한 항목은 몇 개인가요? (　　　　　)

■ 점수는 몇 점인가요? (　　　　　)

*총 100점 만점 중에서 체크한 항목 개수×10점이 점수입니다.

■ 잘되지 않는 항목은 어떤 것인가요? (　　　　　)

4. 애착 이론

애착이란 아기가 엄마(또는 주양육자)에게 특별하게 매달리는 애정이나 친밀감의 감정을 말합니다. 아기가 건강하게 성장하기 위해서는 애착의 과정이 반드시 필요합니다. 보통 엄마에게 지나치게 애착하는 아이가 나중에 엄마에게 떨어지기가 더 어려울 것이라고 생각하기 쉽습니다. 하지만 사실은 정반대입니다. 오히려 애착이 잘 형성된 아기는 더 쉽게 엄마를 떠날 수 있습니다. 마음속에 기본 신뢰, 즉 심리적 안전 지지(secure base)가 확보되었기 때문입니다. 충분한 애착을 경험한 아기는 두 살이 지나면서 친구들이나 낯선 환경에도 편안하게 더 잘 적응합니다. 또한 호기심도 더 많고 탐색적이며, 지구력도 더 높고, 더 우호적이며 협동적이라는 것입니다.

어쩔 수 없이 직장 생활을 해야 하는 엄마의 경우에는, 특히 아기가 두 살이 되기 이전에는 아기에게 최우선순위를 두고 시간을 투자하는 노력을 반드시 해야 합니다. 물론 시간뿐 아니라 질적으로 아이에게 몰두해야 합니다. 필요한 양육자의 특성을 갖추어 아기에게 질 높은 반응을 제공해야 합니다.

for parents

분리 불안

애착의 대상이었던 엄마 또는 양육자와 떨어질 때 심하게 울거나 불안해하는 것을 말합니다. 유아기 7-8개월쯤에 나타나는 분리 불안은 발달 과정에 따른 자연스런 현상입니다. 그러나 지속적으로 엄마에게 매달리며 낯선 타인과 환경에 대해 심한 불안을 나타내는 것은 충분한 사랑과 신뢰, 애착과 안정성이 결핍되었기 때문입니다.

2. 걸음마기(1살 6개월 - 3살)

이제까지 엄마에게만 전적으로 의존하던 아기는 서서히 '나'를 인식하면서 엄마에게서 떨어져 나갑니다. 난생 처음으로 세상을 스스로 경험하기 시작하는 것입니다. 걸음마를 떼고, 말을 조금씩 하고, 대소변도 가립니다. 자기 손으로 우유와 밥을 먹으면서 홀로서기를 합니다.

주위 환경을 자신의 손과 발과 몸으로 직접 체험하고 탐색하면서 세상에 대한 자기 통제감(self-control)을 갖습니다. 이때 중요한 것은 자유와 질서의 조화입니다. 즉 스스로 탐색하도록 자유를 허용함과 동시에, 해서는 안 될 것에 대한 적절한 제한과 질서와 훈계가 반드시 필요합니다. 자유만 주어도 아이는 자기 통제 능력을 획득하지 못한다는 것을 결코 잊어서는 안 됩니다.

1. 발달 과제: 자율성 vs 수치와 자기 의심

이 시기에 건강하게 획득해야 할 발달 과제는 자율성(autonomy)입니다. 자율성이란 스스로 무언가 잘 해낼 수 있다는 의지(will), 자신감과도 같은 것입니다. 자율성을 획득하기 위해서는 아이가 무언가 스스로 시도한 일에서 성공을 경험해야 합니다. 자신을 표현하는 일, 혼자 숟갈루 밥 먹어 보는 일, 대소변 가리는 일, 손과 발로 만지거나 걸어 보는 일에서 성공을 경험해야 합니다. 따라서 스스로 시도해 볼 수 있는 기회를 주어야 하고, 작은 성취에도 격려와 칭찬을 해 주는 것이 매우 중요합니다.

이를테면 처음 걸음마를 시작했을 때, 두 걸음 걷다가 넘어져도 "왜 이렇게 넘어지고 그래." 하고 말하기보다는, "아이구, 우리 아기 두 걸음이나 걸었네." 하는 칭찬이 필요합니다. 밥을 먹을 때, 바닥에 흘리는 것이 더 많아도 "아이구, 우리 아기가 이제 혼자서도 밥을 먹을 줄 아는구나." 하는 격려가 필요합니다.

흔히 이 시기의 아이는 "아니야." "싫어." "내 거야." "내가 할래.” 같은 표현을 자주 쓰기 시작하는데, 그것은 ‘나’를 인식하는 자율성의 표현이기도 합니다. 자율성이 생긴다는 것은 선택에 대해 자신의 의지를 가지고 반응할 수 있다는 것을 뜻합니다.

따라서 조금씩 선택을 주는 것도 자율성 발달에 도움이 됩니다. “우유 마실래, 물 마실래?”와 같은 선택을 주고, 그 선택을 인정하기 시작해 보십시오. 그러면 아이들은 점점 선택에 더 잘 반응합니다. 이 시기에 자율성을 성취하지 못하면 결핍 증상으로 수치심과 자기 의심이라는 상처가 생긴다는 것을 유의하십시오.

2. 자율성의 속성은 다음과 같습니다

■ 자녀에게 해당되는 항목에 V 체크하세요.

□ 어떤 일을 시도할 때 실패에 대한 두려움이 별로 없습니다.
□ 그래서 새로운 일에 대해 선뜻 시도할 수 있습니다.
□ 실수에 대해 부끄러운 마음이 많지 않습니다.
□ 부끄러움과 무안을 많이 타지 않는 편입니다.
□ 무능하지 않다는 근본적인 자신감이 있습니다.
□ 자기 의견이나 주장을 표현하는 것이 어렵지 않습니다.
□ 어떤 결정을 내리는 것이 그다지 어렵지 않습니다.
□ 다른 사람들이 나를 어떻게 생각할까에 대해 크게 신경 쓰지 않습니다.
□ 자기 일을 혼자 알아서 잘 처리하는 편입니다.
□ 자신이 한 일에 대해 후회와 의심이 많지 않습니다.

■ 체크한 항목은 몇 개인가요? (　　　　　)
■ 점수는 몇 점인가요? (　　　　　)

*총 100점 만점 중에서 체크한 항목 개수×10점이 점수입니다.

■ 잘되지 않는 항목은 어떤 것인가요? (　　　　　)

for parents

수치와 자기 의심

자율성을 획득하지 못했을 때는 수치와 자기 의심이라는 상처를 갖습니다. 태어나서 처음으로 시도한 걸음마, 숟갈질, 대소변 가리기에서 실패와 망신을 경험할 때 ‘나는 이런 것도 못하는 것을 보니 창피한 사람이구나.’ 하는 수치와 의심을 갖는다는 것입니다. 이런 사람은 다른 사람이 나를 어떻게 생각하는가 늘 신경을 쓰면서 모든 일에 자신감과 의지가 부족한 사람이 되기 쉽습니다.

3. 대상 항상성

대상 항상성 또는 대상 영속성이란 눈에 보이지 않아도 사물이나 대상이 항상 존재하고 있다는 믿음과도 같은 것입니다. 이를테면 엄마가 눈에 보이지 않아도 확실히 어딘가에 존재한다는 마음속 이미지입니다. 유아기 때는 자신의 눈에 보이지 않으면 이 세상에도 없다고 느끼기 때문에, 엄마가 사라지면 자지러지듯이 울곤 합니다. 그러다가 엄마가 다시 나타나면 소리를 지르면서 크게 기뻐하곤 합니다.

그러나 3살이 넘으면서는 엄마가 잠시 없어져도 꽤 긴 시간 동안 엄마를 찾지 않습니다. 엄마의 귀환을 편안히 기다리면서 아이는 안정감 있게 혼자서 놀이에 집중할 수 있습니다. 놀이방에 가서도 엄마가 집에 있다는 믿음이 있기에 잘 떨어져 노는 것입니다. 이러한 대상 항상성을 갖게 해 주려면, 부모가 어릴 때부터 아기와의 약속을 지키는 신실한 태도를 가져야 합니다.

4. 까꿍놀이

옛날 어머니들은 자녀 교육을 배우지 않았어도 지혜가 있었습니다. 까꿍놀이는 대상 항상성 훈련에 크게 도움이 되는 것이지요. "엄마 없다."고 했다가 "까꿍, 엄마 여기 있다." 하면 아기는 잠시 눈에 보이지 않아도 엄마가 존재한다는 것을 믿습니다. 조금 지나면 엄마가 부엌에서 딸그락거리는 소리만 듣고 있어도 엄마가 존재한다는 마음속 이미지가 생깁니다. "엄마 잠깐 쓰레기 버리고 돌아올게." 하면서 대문을 닫고 나간 다음에도 엄마가 정말 금방 문을 열고 다시 들어오는 것을 경험하면, 아기는 엄마가 눈에 보이지 않아도 언제나 존재한다는 엄마에 대한 대상 항상성을 얻는 것입니다. 따라서 아기와의 작은 약속도 지키는 것이 중요합니다. 대상 항상성을 잘 획득한 아기는 나중에 유치원에 갈 때도 분리 불안을 덜 겪을 수 있습니다. 나를 사랑하는 엄마가 항상 존재한다는 안정감이 생겼기 때문입니다.

for parents

정서적 탱크

엄마는 어린 자녀에게 정서적 탱크(emotional tank)와도 같습니다. 사랑이 필요하면 엄마에게 달려옵니다. 엄마의 사랑을 흡족히 받으면 자율성을 가지고 바깥으로 달려 나갑니다. 실컷 놀다가 다시 엄마의 품이 그리우면 또 달려옵니다. 오면 채워 주고, 나갈 때는 놓아주십시오. 그것이 엄마의 역할입니다.

기·도·제·목

이번 만남을 통해 하나님께 올려 드려야 할 기도 제목을 적습니다.

나·눔·과·토·론

1. 양육자로서 내게 부족한 특성은 무엇인가요?

- 안전감, 안정감 safe, secure
- 일관성 있는 consistent
- 예측 가능한 predictable
- 달래 주는 soothing
- 품어 주는 holding, containing
- 용납하는 accepting
- 자극하는 stimulating
- 반응하는 responding
- 민감한 sensitive
- 공감해 주는 empathetic

2. 내 자녀가 태어나서 1살 반까지 기본 신뢰를 형성하지 못할 특별한 상황이나 사건이 있었다면 나누어 보세요.

3. 그렇다면 지금 어떠한 노력을 기울여야 할지도 서로 나누어 보세요.

4. 지금이라도 자율성을 높여 주기 위해 내 자녀에게 해 줄 수 있는 것이 있을까요? 서로 나누어 보세요.

상·담·코·너

Q 저는 아이를 낳은 다음, 양육을 위해 회사를 그만두었습니다. 그런데 다른 친구들이 전문직으로 일하는 것을 보면 부러운 마음이 듭니다. 가끔 내가 초라해 보이기도 하구요.

A 우선 자녀 양육을 위해 회사를 포기한 결단을 칭찬해 드리고 싶습니다. 인생을 살면서 무엇이 가장 중요한지 우선순위를 매길 수 있는 것이 바로 삶의 지혜라고 생각합니다. 지혜 있는 결단이었습니다.

요즘 젊은 엄마들이 직장과 자아 성취를 위해 전력을 기울이는 것을 봅니다. 하지만 엄마로서의 특권과 기쁨을 놓치고 있는 것은 모르는 것 같습니다. 자녀가 어릴 때는 엄마의 존재와 손길이 절대적으로 필요합니다. 자녀가 엄마를 필요로 할 때 함께 있어 주지 못하는 것은 참으로 행복한 순간들을 놓치고 있는 것입니다. 대부분 경제적인 이유로 직장을 갖는다고 합니다. 하지만 절대적 빈곤 때문이라기보다 더 풍족하게 살기 위해서라면 엄마가 직장 생활을 하는 것은 다시 한번 생각해 보아야 합니다. 돈보다 중요한 것을 놓칠 수 있기 때문입니다. 검소해도 행복할 수 있고, 부유해도 불행할 수 있습니다.

또한 엄마라는 역할 역시 전문직이라는 것을 잊지 마십시오. 자긍심과 당당함을 가지고 엄마의 사명을 택하는 가정이 많았으면 좋겠습니다. 인생은 짧고 시간은 화살같이 흘러갑니다. 자녀 또한 세월을 기다려 주지 않습니다. 자녀와 함께 보낼 수 있는 시간들은 너무나 소중하기만 합니다. 자녀와의 시간들을 즐기십시오.

좋은 엄마가 되기 위해 공부도 하십시오. 자녀를 훌륭하게 키우십시오. 물론 독서와 배움을 통해 자신의 내면적 성장도 추구하십시오. 당당하십시오. 아름다운 결정이었습니다.

일곱 번째

학령전기(3~6살)

만남

introduction

호기심은 건강한 지능의 기초입니다

유아기와 걸음마기를 통과한 자녀는 놀이방이나 유치원에서 선생님과 다른 친구들과 대인 관계를 맺기 시작합니다. 이제 자녀는 협동심과 이타심 등을 통해 사회성을 배워 가야 합니다. 사람은 혼자서 존재할 수 없기 때문에, 자녀에게 더불어 사는 법을 가르쳐야 하는 것입니다. 자녀를 행복하게 해 주고 싶다면, 이타심을 훈련시키십시오. 친구와 함께 노는 법, 과자를 나누어 먹는 법, 물건을 함께 쓰는 법, 다른 사람의 입장을 이해하는 법 등을 훈련시켜야 합니다. 어릴 때의 훈련과 경험이 평생의 인격을 좌우합니다.

또한 3-6세의 자녀는 호기심이 많아서 엄마와 아빠에게 끊임없는 질문을 합니다. 호기심과 질문은 지능과 창의성과 탐구심을 형성하는 중요한 요소입니다. 질문을 통해 생각이 발전되기 때문입니다. 그래서 자녀의 호기심을 꺾으면 안 됩니다. 질문이 유치해도 친절하게 답해 주십시오. 흔히 아이의 질문이 귀찮아서 대충 대답하는 부모가 많습니다. "엄마가 바쁘니까 저리 좀 가라." "그런 걸 왜 자꾸 묻고 그러니?" "아빠한테 물어 봐." 하고 말할 때가 있습니다. 하지만 이런 말과 태도는 아이의 호기심과 탐구심을 점점 줄인다는 것에 유의해야 합니다.

1. 발달 과제: 솔선성 vs 죄책감

3–6세의 자녀의 발달 과제는 솔선성(initiative)입니다. 솔선성이란 무엇을 해 보겠다는 목적의식(purpose), 의지, 리더십, 창의성 등을 포함하는 주도적 태도를 말합니다. 솔선성이 꺾이지 않은 자녀는 무엇이든 자신이 한번 해 보겠다는 의욕을 가지면서 "한번 해 볼래." "나도 할 수 있어." 하는 자신감을 나타냅니다.

따라서 자녀에게 건강한 솔선성을 갖게 해 주려면, 부모는 도와주지 않는 듯 도움을 주어서 자녀 스스로 해냈다는 성공감을 경험하게 해 주어야 합니다. 자녀에게 무슨 일을 스스로 시도해 볼 기회를 주지 않는 과잉보호 태도는 솔선성을 저해하는 요인이 됩니다. 아이를 가족의 일에 참여시켜서 스스로 무엇인가를 하도록 기회를 주어야 합니다. 물론 작은 일이라도 해낸 것에 대해서는 칭찬과 격려를 해 줍니다.

또 제한과 질서를 가르치기 위한 부모의 훈계가 그 어느 때보다 중요한 시기입니다. 솔선성도 질서 속에서 더욱 안정감 있게 발달합니다. 하지만 훈계할 때는 죄책감과 무능감을 주지 않도록 각별히 주의를 기울여야 합니다. 왜냐하면 이 시기에는 도덕성이 함께 발달하기에 자칫하면 자녀에게 죄책감이라는 상처, 거짓 죄책감을 주기 쉽기 때문입니다.

솔선성의 속성은 다음과 같습니다.

■ 자녀에게 해당되는 항목에 V 체크하세요.

□ 주저함 없이 새로운 생각을 잘 해냅니다.
□ 어떤 모임에서든 스스로 나서서 일을 맡으려 합니다.
□ 자신의 의견을 내놓는 것을 잘합니다.
□ 새로운 일이나 낯선 환경에 대한 두려움을 극복합니다.
□ 할 말이 있으면 어렵지 않게 하고 넘어 가는 편입니다.

for parents

거짓 죄책감

이 시기의 자녀는 지능과 함께 도덕성이 발달합니다. 프로이드가 말하는 초자아(도덕과 가치관의 영역)가 발달하는 시기인 것입니다. 그래서 죄책감이라는 상처를 받기 쉬운 때입니다. '나는 나쁜 사람이다.' '내가 잘못해서 나쁜 일들이 생길지도 모른다.' 하는 생각을 갖기 쉽습니다. 엄마가 화를 내도 '내가 나빠서 그렇구나.' 하고 생각합니다. 심지어는 엄마 아빠가 이혼을 하면 '나 때문에 이런 일이 생겼다.' 하고 믿어 버리면서 평생 거짓 죄책감의 상처를 가지고 살아가는 것입니다.

for parents

죄책감

솔선성을 얻지 못한 아이는 사람들 앞에 스스럼없이 나서기를 두려워합니다. 모임에서도 손을 들어 의견을 말하기를 힘들어 합니다. 자신의 생각이 타인에 의해 받아들여진다는 믿음이 없기 때문입니다.

□ 여러 사람 앞에 나서는 것이 두렵지 않습니다.

□ 새로운 일에 대해 의욕적인 태도를 보입니다.

□ 주도적으로 사람들을 이끌어 가는 지도력이 있습니다.

□ 새로운 일과 환경에 대해 기대하는 마음이 있습니다.

□ 자신이 좋은 사람이라는 느낌이 있습니다.

■ 체크한 항목은 몇 개인가요? (　　　　　)

■ 점수는 몇 점인가요? (　　　　　)

*총 100점 만점 중에서 체크한 항목 개수×10점이 점수입니다.

■ 특히 잘되지 않는 항목은 어떤 것인가요? (　　　　　)

2. 솔선성을 북돋우기 위한 10가지 전략

1. 자녀가 "무엇을 할까."를 스스로 선택하도록 격려하세요

어린 자녀라 할지라도 "미술 학원을 가고 싶니, 피아노 배우고 싶니?" 하고 물으며 선택권을 줍니다. 부모가 시키는 대로 따라 하면 솔선성이 떨어집니다. 그러면 적극성이 부족한 수동적 태도를 취합니다. 사람은 누구나 강요당하는 것을 싫어합니다.

2. 금지나 명령보다는 일단 긍정한 다음 선택을 제안해 보세요

아이가 과자를 먹겠다고 할 때 "안 돼." 하고 말하는 대신, "그래, 점심 먹고 먹을래, 이따 뛰어놀고 먹을래?" 하고 말해 보세요.

3. 자주 "너는 어떻게 생각하니?" 하는 질문을 사용하세요

자녀가 질문을 던졌을 때 부모가 얼른 답을 주기보다는 "그것 참 좋은 질문이구나. 한번 생각해 보자. 그런데 너는 어떻게 생각하니?" 하고 되물으면 자녀는 스스로 답변을 찾습니다.

4. 소꿉놀이를 할 때는 다양한 역할을 해 보도록 도와주세요

다양한 역할을 해 보면 다른 사람의 관점과 시각을 경험할 수 있습니다. 늘 대장과 반장 노릇과 아빠(엄마) 노릇만 하지 말고, 협조자의 역할도 해 보면 더불어 사는 협동심도 배울 수 있습니다.

5. 자녀가 무엇인가에 몰두하고 있을 때는 방해하지 마세요

아이가 무언가에 열심히 집중하고 있다는 것은 스스로 생각하며 탐구하고 있다는 뜻입니다. 그럴 때는 말 걸거나 방해하지 말고 가만히 놔두는 것이 오히려 사고 활동과 창의성을 도와줍니다.

6. 시도하다가 실패해서 좌절했을 때는 시도 자체를 칭찬하세요

어린 자녀는 아직 모든 면에서 서투르기 마련입니다. 아이에게 완벽한 기준을 요구하지 마십시오. 우유를 먹다가 흘릴 수도 있고, 조각을 맞추다가 실패할 수도 있습니다. 못한 것에 초점을 맞추지 말고, 해낸 일에 대해 "잘했다." 하고 칭찬해 주십시오.

7. 아이마다 능력과 발달의 수준이 다르니 비교는 하지 않습니다

말하기, 쓰기, 그림 그리기 등이 다른 아이보다 빠르거나 느린 것은 지능의 척도가 결코 아닙니다. 그것은 개인차일 뿐입니다. 어릴 때의 IQ나 능력은 성인이 된 다음의 지능과는 무관합니다.

8. 새로운 것을 가르칠 때는 조금씩, 소단계로 나누어 가르치세요

아이는 지금 배우는 중에 있습니다. 너무 높은 기준을 요구하지 마십시오. 성급한 재촉도 금물입니다. 하루에 조금씩 가르치고 아낌없이 칭찬해 주십시오.

9. 생활 속에서 성공을 경험할 수 있는 기회들을 만들어 주세요

아직 모든 면에 서투르지만 자신도 뭔가 한 몫을 하고 싶어 할 때는 기회를 주십시오. "엄마(아빠), 나도 해 볼래." 하고 말하는 아이는 아직 솔선성이 있다는 증거입니다. 그때 "저리 가서 놀아라." 하기보다는 "너도 해 보려구? 그럼 엄마(아빠)를 도와줘 보렴." 하고 말하면서 동참시키세요. 그러고는 "아이구, 우리 아들(딸)이 이렇게 뭐든지 잘하는 줄 몰랐네." 하고 칭찬해 주십시오.

10. 자연 환경을 자주 경험시켜 주세요

흙과 돌, 꽃과 나무가 있는 자연이야말로 창의성이 가득한 곳입니다. 손과 발이 지저분해져도 좋습니다. 아이가 스스로 놀도록 놔두고, 약간 거리를 두고 안전을 지켜보기만 하십시오. 자연 속에서 뛰노는 동안 솔선성과 창의성은 더욱 계발될 것입니다.

⚠ **여기서 잠깐** 나의 자녀가 솔선성이 발달하지 않은 원인이나 환경은 무엇일까요?

for parents

BPS 자연 학습

자연 속에는 보이지 아니하는 하나님의 능력과 신성이 분명하게 나타나 있습니다. 나뭇잎 하나, 꽃 한 송이에도 하나님의 솜씨가 담겨 있습니다. 자연을 거닐며 하나님의 사랑을 느껴 보십시오. 자녀와 함께 하나님의 섭리를 감탄해 보십시오. 그것이 자연학습을 통한 창의성 교육인 것입니다.

3. 솔선성을 기르는 자기표현 5가지

1. 혼자 해 보기-도와주지 않는 듯 몰래 도와주기

아이가 혼자 앉아서 나무 블록을 맞추고 있습니다. 세모난 구멍에 동그라미 블록을 서투르게 집어넣으려 안간힘을 쓰고 있습니다. 이때 부모는 도와주지 않는 듯 도와주어야 합니다. "아이구, 우리 아들(딸)이 블록을 맞추고 있네. 잘하네. 그런데 세모에 동그라미를 넣고 있네. 자, 다시 세모를 찾아서 넣어 보렴." 하고 말하면서 엄마는 슬쩍 세모를 찾아 아이 손이 닿는 곳에 가져다놓습니다. 아이는 자기 손에 잡히는 세모를 찾아 맞추기를 시도합니다. 엄마는 사랑과 인내로 지켜봅니다. 정 못 맞출 경우에는 다시 슬쩍 손을 잡아서 스스로 넣도록 도와줍니다. 그러고 나서 "어머나, 우리 아들(딸)이 이렇게 많은 것에서 혼자 세모를 찾아서 맞추었네. 참 잘했다, 짝짝 박수!" 하고 격려해 주세요.

2. 그림 그리기

아이는 자기 눈에 보이는 대로, 느낀 대로 그립니다. 비뚤비뚤 선을 그려 놓고 집을 그렸다고 말하기도 합니다. 그래서 아이의 설명을 듣지 않으면 무엇을 그렸는지 도무지 알 수가 없습니다. 그림 속에서 자신을 마음껏 표현하도록 도와주세요.

아이가 그린 그림에는 정답이 없습니다. 강아지의 다리를 열 개 이상을 그렸을 때도 "틀렸다. 강아지는 다리가 4개란다." 하고 말하기보다 "어머나, 이 강아지는 다리가 열 개나 있네. 왜 열 개일까?" 하고 질문하십시오. 그러면 아이는 자신이 틀렸다는 것을 알아차리면서 동시에 "엄마는 이것도 몰라? 강아지가 막 뛰어가는 거야." 하고 둘러댑니다. 또는 "다리가 많아야 빨리 뛰어갈 수 있지." 하고 말할 수도 있습니다. 해를 두 개 그려 놓고는 "이건 엄마 해, 저건 아빠 해." 하고 둘러대기도 합니다. 그림을 그리면서 마음껏 창의성을 표현할 수 있도록 지도해 주세요.

for parents

창의성을 위한 '마구 생각해 내기(brainstorming)' 게임

1. 시간을 정합니다. 예를 들면 10분 정도.
2. 가상의 주제나 목표를 하나 설정합니다.
3. 자유로운 창의성의 시간입니다.
   "누구든지 생각이 있으면 말해 보세요." "지금은 엉뚱한 생각도 환영입니다." 어떤 생각도 비난하거나 평가하지 마세요. 틀렸다 또는 맞았다고 판단하지 말아 보세요. 누구 생각이었는지도 따지지 마세요.
4. 남의 생각을 잘 듣고 존중하고 함께 동참하는 분위기를 유지하세요. "누구 또 다른 생각 없을까?"
5. 재미있는 시간이 되도록 합니다. 지금은 결론이 없습니다. 결론이나 정답을 만들지 마세요.
6. 10분이 지나면 타임아웃을 부르고 끝을 냅니다.
7. 오늘의 아이디어들은 언젠가를 위해 자료로 남겨 둡니다.

3. 재잘거리기

3세가 지나면서 자녀는 끊임없이 재잘거립니다. 온갖 질문과 함께 이야기가 끊이지 않습니다. 말이 많다는 것은 아직 솔선성이 위축되지 않았다는 긍정적 사인입니다. 때로는 아이의 말과 행동이 아주 유치하고 우스울 수 있습니다. 다리가 저릴 때, "엄마, 다리가 사이다 먹은 거 같아." 하고 말하기도 합니다. 그때 놀리거나 비웃거나 무안을 주면 솔선성이 떨어집니다. "응, 그래. 다리가 저리다는 거지?" 하고 표현을 수정해 주기만 하십시오.

놀림당한 경험이 많으면 아이는 새로운 시도와 표현을 하지 않습니다. 아이도 창피하고 당황할 수 있는 인격체임을 기억하십시오. 아이의 말이 전혀 논리적이지 않아도 잘 들어 주어야 합니다. 잘 들어 주면서 맞장구를 쳐 주세요. 지금 표현을 통해 논리를 배우고 있는 것입니다. 오히려 아이가 점점 말이 없어지고 침묵한다면 주의를 기울여야 합니다. 소극적 태도, 무능감, 좌절감, 마음속의 분노를 나타내는 사인일 수도 있기 때문입니다.

4. 공상하기

4-5세의 아이는 흔히 현실과 공상을 혼동합니다. 한 아이가 "우리 집에 호랑이 있다."고 하면 다른 아이가 덩달아서 "우리 집에는 열 마리 있다." 하고 말하기도 합니다. 아이들은 의도적으로 거짓말을 하고 있는 것이 아닙니다. 단지 마음속에 떠오르는 대로 상상과 공상을 그냥 말하는 것입니다. 이때 너무 과민하게 반응하거나 심하게 꾸짖지 마십시오. '거짓말쟁이' 하는 딱지를 붙이면 더욱 안 됩니다. 아이에게는 자신이 왜 잘못했는지 내용은 잘 모른 채 단지 '나는 참 나쁜 사람이구나.' 하는 죄책감만이 남기 때문입니다.

때로 아이는 자기 마음의 바람과 소원을 현실처럼 꾸며서 말하기도 합니다. 어떤 아이가 미술 학원 선생님에게 "우리 엄마가요, 오늘 햄버거도 사 주고 여기까지 데려다 주셨어요." 하고 말했는데, 나중에 알고 보니 완전히 꾸며 낸 거짓말이었습니다. 부모는 어떻게 내 아이가 그렇게 새빨간 거짓말을 할 수 있을까 놀라서, 아이를 때리고 야단치고 혼내 주었다는 것이었습니다.

그러나 아이는 거짓말을 한 것이라기보다는 '그랬으면 좋겠다.' 하는 마음의 소원을 둘러댄 것에 지나지 않습니다. 아이의 모든 행동에는 마음속 동기가 있다는 것을 잊지 마십시오. 야단치고 꾸짖기보다는 마음을 헤아려 사랑으로 정정해 주며 바른 길로 인도해 주는 자세가 필요합니다. 물론 거짓말은 수정해 주어야 합니다. 부모가 거짓말에 넘어 가거나, 그때 즉시 수정해 주지 않으면 거짓말은 버릇되기가 쉽기 때문입니다.

5. 웃기

웃음은 건강한 성격 발달에 아주 중요한 요소입니다. 특히 6살 이전에 자녀는 깔깔거리며 웃을 수 있는 재미있는 시간을 가져야 합니다. 어린 시절에 웃음을 많이 경험한 사람은 나중에 어려움과 고난을 견디고 이기는 건강한 탄력성을 소유합니다. 웃음과 기쁨을 경험한 사람은 말초적 쾌락을 좇지도 않습니다.

웃음과 재미는 솔선성과 창의성의 풍부한 자원입니다. 어린 아이가 즐겁게 놀도록 도와주십시오. 특히 아빠는 아이와 재미있게 놀아 주는 역할을 감당해 보십시오. 아이들은 엄숙한 아빠보다 재미있는 아빠를 좋아합니다. 아빠와 함께 신나게 웃으며 놀았던 어린 시절의 기억들은 돈으로도 살 수 없는 값진 내적 자원이 됩니다. 솔선성과 창의성, 더 나아가서는 지능과 학습 능력도 웃음을 통한 건강한 감성과 함께 발달될 수 있습니다.

우선 부모님들이 주님 안에서 기쁨을 회복하십시오. 여호와 앞에서 기쁨으로 춤을 추었던 다윗 왕처럼 구원의 기쁨을 표현하십시오. 항상 기뻐하며 범사에 감사하십시오. 기쁨은 성령의 열매이기도 합니다(갈라디아서 5:22). 주의 앞에는 기쁨이 충만하고 주의 우편에는 영원한 즐거움이 있습니다(시편 16:11).

for parents

인생의 묘약, 웃음

"훌륭한 유머 감각을 가지면, 적당하지 않는 것도 보아 넘길 수 있고, 관습에 맞지 않는 것도 이해할 수 있고, 불쾌한 것도 인내할 수 있으며, 예기치 않은 일도 극복할 수 있고, 참기 어려운 일도 오래 참을 수 있다."

-빌리 그레이엄

기·도·제·목

이번 만남을 통해 하나님께 올려 드려야 할 기도 제목을 적습니다.

나·눔·과·토·론

1. 어렸을 때 솔선성이 있다고 칭찬받았던 일을 나누어 보세요. 그리고 그때 내가 어떻게 느꼈는지도 말해 보세요.

2. 자녀가 솔선성이 없는 것 같다고 느꼈을 때가 있었나요? 내 자녀가 솔선성이 부족하다면 그 원인은 무엇이었을까요.

3. 내가 가장 잘 사용하는 솔선성 북돋우기 전략은 무엇인가요? 그 이유는 무엇일까요?

4. 내가 가장 잘 사용하지 못하는 솔선성 북돋우기 전략은 무엇인가요? 그 이유는 무엇일까요?

5. 지금이라도 자녀에게 솔선성을 키워 주기 위한 방법을 생각하고 나누어 보세요. 나의 창의성을 발휘해 보세요.

6. 지금이라도 자녀에게 기쁨과 웃음이라는 좋은 선물을 제공할 수 있는 방법을 찾아보세요. 나의 창의성을 발휘해 보세요.

상·담·코·너

Q 5살짜리 아이가 동네 슈퍼에서 과자를 훔쳐왔습니다. 다그쳐 물었더니 아저씨가 주었다고 거짓말까지 했습니다. 너무나 놀라고 당황스러워 어찌할 바를 모르겠습니다.

A 5살의 어린 자녀는 아직 옳고 그름에 대한 판단 능력이 부족합니다. 처음에는 그냥 얼떨결에 과자를 집어 왔을 수도 있습니다. 남의 물건을 훔치려는 계획적 행동이 아닐 수 있습니다. 그런데 부모가 무슨 큰 죄를 지은 것처럼 다그치면 '뭔가 크게 잘못 되었구나.' 하는 마음으로 야단맞을까 봐 거짓말로 둘러대는 것입니다.

침착하십시오. 오히려 이러한 상황을 바른 도덕성을 가르칠 수 있는 좋은 기회로 활용해야 합니다. 어떤 부모는 "너 아주 나쁜 애구나." "지옥 간다." "벌 받는다." "하나님이 미워하신다." 하고 혼을 내는데, 그러면 아이는 자신이 나쁜 사람이라는 죄책감과 거절감을 느낍니다.

물론 나쁜 행동은 반드시 수정해 주어야 합니다. 그러나 죄책감이나 거절감이나 두려움이 생기지 않도록 훈계해야 합니다. 가장 좋은 방법은 다그치지 말고, 아이에게 직접 물어 보는 것입니다. "왜 도둑질 했니?" "왜 남의 물건을 훔쳤니?" 하는 표현보다는 "왜 과자를 집어 왔니?" 하는 표현이 좋습니다. 자녀가 진실을 말하도록 여유를 주어야 합니다.

그리고 "그랬구나. 엄마에게 사실대로 말해서 착하다." "그래도 돈을 내지 않고 과자를 그냥 가져오는 것은 절대 안 된단다." 이렇게 말하고는, 아이와 함께 슈퍼로 가십시오. "아저씨, 우리 아이가 여기서 과자를 그냥 집어 왔어요. 미안합니다. 이제 다시는 안 그럴 거예요." 하고 말하면서, 자기 손으로 돈을 지불하도록 지도해 주십시오.

진정한 훈계는 벌주는 것(punishment)이 아니라, 교정(correction)해 주는 것이라는 것을 잊지 마십시오.

여 — 덟 — 번 — 째

학령기(초등학교 연령)

만 — 남

introduction

강요와 간섭은 학습동기를 저해합니다

이제 자녀는 초등학교에 들어가는 나이가 되었습니다. 학교에서 본격적으로 공부에 몰입하는 시기입니다. 부모의 관심은 내 자녀가 다른 아이들에 비해 특별히 공부를 잘하는지에 쏠려 있을 것입니다.

그러나 한번 생각해 보십시오. 지금 당장 학교에서 일등 하는 것이 중요할까요, 아니면 지금 공부하는 법을 배워 가면서 성적이 떨어졌을 때도 좌절하지 않고 극복하는 능력을 배우는 것이 중요할까요? 부모의 감시와 강압에 의해 억지로 높은 성적을 받는 것이 중요할까요, 아니면 스스로 공부해야 할 목적과 의지를 찾아가는 것이 중요할까요? 부모 여러분, 장기적인 시각을 가지십시오. 지금 당장에 성적이 중요한 것이 아닙니다.

성적이 떨어졌을 때도 자녀가 실패를 극복해 나갈 수 있도록 부모는 지지해 주고 격려해 주어야 합니다. "길게 보거라." "실패를 경험하는 것도 공부란다." "엄마(아빠)가 너를 사랑하는 것은 공부를 잘해서만이 아니란다." "너는 우리에게 너무나 귀한 존재란다." "결국 하나님은 너를 귀하게 사용하실 거다." 하고 말해 주십시오. 이런 표현들은 자녀에게 장기적인 시각에서 공부도 잘하고, 성공적인 삶을 살 수 있도록 힘을 더해 줄 것입니다.

1. 발달 과제: 근면성 vs 열등감

이 시기에 획득해야 할 발달 과제는 근면성(industry)입니다. 근면성이란 어떤 과업을 완수하고자 노력하는 능력(competence)과 부지런함과 집중력과 지구력의 성품을 말합니다. 일종의 장인 정신으로서 주어진 과제를 기술과 지혜를 가지고 힘쓰며 수행하는 태도와도 같은 것입니다. 이제 자녀는 학문적, 사회적, 신체적, 실용적 여러 가지 기술들을 배워야 합니다. 어른이 되었을 때 활용할 기술들을 습득하는 기간인 것입니다.

또한 자신의 재능을 발견하는 기간이기도 합니다. 부모는 자녀가 자신의 유능성과 재능을 스스로 발견할 수 있도록 도와야 합니다. 많은 탐색과 시도가 필요하고, 비교 의식보다는 자신만의 독특한 재능을 발견하도록 돕는 자세가 필요합니다.

근면성은 과제를 완수했을 때 얻는 만족과 즐거움에서 생기는 것으로써, 주로 타인 특히 부모에게서 인정과 칭찬을 받을 때 생기는 것입니다. 즉 '나도 잘 해낼 수 있다.' '칭찬을 해 주는 것을 보니, 나도 유능한 사람이다.' 하는 마음에서 오는 것입니다. 반대로 비난과 지적과 조롱과 거부를 받으면 '나는 아무것도 할 줄 아는 것이 없다.' 하는 열등감을 갖는 시기이기도 합니다. 열등감이 생겨 버리면 다가올 청소년기를 건강하게 통과하기가 어렵습니다. 지금 당장의 성적에 너무 민감하지 마십시오. 조금이라도 잘하는 것에 대해 격려와 칭찬을 아끼지 마십시오.

근면성의 속성은 다음과 같습니다

■ 자녀에게 해당되는 항목에 V 체크하세요.

□ 문제를 풀 때, 얼른 해답집을 찾기보다는 스스로 답을 풀어 보려고 합니다.

□ 무슨 일을 끝까지 해내려는 지구력이 있습니다.

for parents

이 다음에 무엇이 될래?

자녀의 장래 희망은 열두 번도 더 바뀝니다. 어린 시절에 "엄마, 나 소방수 될래." 같은 발언에 대해 심각하게 생각하지 마세요. "그냥 그래 그것 참 좋은 생각이구나." "너는 무엇이든 될 수 있단다." 하고 격려해 주세요.

for parents

열등감

이 시기에 근면성을 얻지 못하면 반대로 열등감과 능력 부족을 갖습니다. 특히 부모가 높은 기대치를 요구하면 자녀는 기대치에 못 미친다는 열등감을 갖습니다. 그러면 매사에 노력을 피하는 소극적 태도를 취합니다. '아무리 해도 안 된다.'는 생각을 갖기 때문입니다.

□ 쉬운 일보다는 어렵거나 힘든 일에 도전하려는 태도가 있습니다.

□ 어떤 과제를 완수하기 위해 열심히 노력합니다.

□ 일단 시작한 일은 반드시 끝내겠다는 투지가 있습니다.

□ 학업, 숙제, 독서, 과제에 대한 집중력이 있습니다.

□ 매사에 열심히 하려는 적극성이 있습니다.

□ 부지런하고 적극적입니다.

□ 자기 일을 잘 처리해 나가는 편입니다.

□ 어떤 목표를 위해 계획을 세우고 실행합니다.

■ 체크한 항목은 몇 개인가요? (　　　　　)

■ 점수는 몇 점인가요? (　　　　　)

*총 100점 만점 중에서 체크한 항목 개수×10점이 점수입니다.

■ 특히 잘되지 않는 항목은 어떤 것인가요? (　　　　　)

2. 근면성을 기르기 위한 부모의 태도 3가지

1. 비교하지 않기

자녀를 성적과 성취로 비교하지 마십시오. 자녀 친구가 집에 놀러왔을 때, "너는 몇 등하니?" "너는 공부 잘하니?" 하고 묻지 마세요. 오히려 "너는 무엇을 잘하니?" "그림을 잘 그리니, 아니면 노래를 잘하니?" 하고 물으세요.

형제자매끼리도 비교하지 마십시오. "언니는 공부를 잘하는데, 너는 왜 공부를 못하니?" 하는 말은 금물입니다. 오히려 "언니는 수학을 잘하지만, 너는 수영도 잘하고 달리기도 잘하지 않니?" 하고 자신만의 재능을 발견하도록 도우십시오.

또한 어느 한 방면에서 우수함을 나타냈을 때, 마음껏 자랑스러움을 표현하면서 칭찬해 주면 다른 방면에서도 자신감을 얻을 수 있습니다.

2. 집중력 훈련시키기

집중력과 근면성은 깊은 관계가 있습니다. 산만한 태도를 고치지 않으면 근면하기가 어렵기 때문입니다. 근면성을 기르기 위해서는 우선 집중력을 훈련해야 합니다.

다음과 같은 방법으로 자녀의 지구력과 집중력을 훈련해 봅시다. 우선 거실이나 다른 방에 텔레비전이나 시끄러운 분위기를 없앱니다. 그러고 나서 엄마(아빠)가 자녀와 함께 자리에 앉습니다. 조금 거리를 두고 각각 책상 앞에 앉습니다. 아이는 자기 공부를 하고, 엄마(아빠)는 다른 책을 읽습니다. 자녀의 나이에 맞게 시간을 정합니다.

"우리 30분 동안 자리에서 일어나지 않고 집중해 보자"고 말합니다. 30분 뒤에 알람이 울리도록 시계를 맞춰 놓습니다. 함께 "시작!"을 외치고 나서 30분 동안 과제에 집중합니다. 그동안에는 서로 말하지 않기를 규칙으로 정합니다. 전화가 울려도 받지

for parents

성격 차이 이해하기

사람은 누구나 독특한 자기 성격이 있습니다. 성경에서도 다양한 은사와 직분을 설명하고 있듯이(고린도전서 12장) 자녀들도 성격에 따라 재능과 특기가 다를 수 있음을 유의하십시오. 심리학자 융은 성격유형을 다음과 같이 나누었습니다. 내 자녀의 성격 특성을 이해하고 그에 따른 자녀의 재능을 마음껏 격려해 주십시오.

내향성 vs 외향성
감각형 vs 직관형
사고형 vs 감성형

않습니다. 30분이 지나서 알람이 울리면, "와, 우리가 30분을 꼼짝하지 않고 집중했다." 하고 서로 격려하십시오. 잠시 약 10분 정도 쉬면서 다른 일을 봅니다. 그리고 다시 시작합니다. 시간을 조금씩 늘려 나갑니다.

아직 어린 자녀는 훈련이 필요합니다. "집중해라." "공부에 열중해라." 하는 잔소리만으로는 산만한 태도가 고쳐지지 않습니다. 더욱이 집안 분위기가 어수선하고 산만하면 자녀는 더욱 집중하기가 어렵습니다. 산만한 자녀에게 집중력을 정착시키려면, 부모도 함께 노력하고 훈련해야 합니다.

3. 버팀목 역할에 충실하기(scaffolding)

어차피 공부는 스스로 하는 것입니다. 부모가 대신 해 줄 수는 없습니다. 숙제를 대신 해 주면, 자녀는 의존적이 되어서 장기적으로 공부를 잘할 수가 없습니다. 부모는 단지 버팀목 역할을 하는 것입니다.

버팀목이란 때로 정보를 제공하는 역할입니다. 즉 정보가 어디 있는지, 어떻게 획득하는지에 대한 안내를 제공합니다. 자녀 스스로 공부하는 습관이 생길 때까지 역할 모델이 되어 주기도 합니다. 자녀가 질문을 하면 얼른 답을 주기보다 대화자가 되어 줍니다. 스스로 답을 찾도록 도전하며 간접적 정보를 제공하는 대상이 되어 줍니다. 부모는 격려와 지지와 후원을 제공할 뿐, 지나치게 도와주지는 않아야 합니다. 물론 강요하는 태도는 금물입니다. 본체가 확고히 서면 제거해 버리는 버팀목과도 같이, 자녀 스스로 학습 능력과 습관이 형성되면 부모의 버팀목 역할은 끝나는 것입니다.

⚠ 여기서 잠깐 나의 자녀가 앞으로 무엇을 하면 가장 재능에 적합할까요? 생각해 봅시다.

3. 학업 지도 어떻게 할까요

1. 지능의 개념

- 지능이란 단순한 지적, 학습 능력 이상입니다.
- 지능은 인지적, 정서적, 사회적 측면을 모두 포함합니다.
- 지능이란 어떤 일을 수행하기 위해 합리적으로 사고하고 환경을 효율적으로 다루면서 행동하는 전체적인 능력입니다.
- 지능이란 그동안 획득한 지식을 새로운 환경과 상황에 성공적으로 적용하는 능력입니다.
- 지능은 불안 다루기, 지구력, 목표 자각, 정서적 안정감을 모두 포함하는 것입니다.
- 따라서 지능은 자기 존중감과 함께 발달하는 것입니다.

2. 장기적으로 학업 동기를 높이는 15가지 방법

1. 자신이 어떤 일이 있어도 사랑받는 존재임을 알게 해 주세요.
2. 심리적 안정감을 조성해 주세요.
3. 장기적 시각, 목적의식, 비전을 갖게 하세요.
4. 실현 가능한 작은 목표를 세우게 합니다.
5. 조금씩, 한 걸음씩, 나이기도록 도와주세요.
6. 비교나 경쟁보다는 자신 안의 진보를 격려하고 칭찬하세요.
7. 평소에 공부 못하는 친구를 무시하지 않도록 가르쳐 주세요.
8. 인정과 칭찬이 학습의 가장 중요한 동기 부여라는 것을 명심하세요.
9. 어떤 답을 찾을 때 가능한 온갖 해답들을 떠올리게 해 주세요.
10. 언제나 또 다른 방법과 대안과 해결책을 격려하세요.
11. 성적이나 결과보다는 시도와 노력을 칭찬해 주세요.
12. 호기심을 학습의 기회로 이용하세요.
13. 즐겁게 공부할 수 있도록 도와주세요.
14. 혼자 답을 찾도록 단서 질문을 던져 주세요. 5W(Who,

What, Why, When, Where) 1H(How)를 사용해 보세요.

15. 실수나 실패를 놀리거나 비웃거나 야단치지 마세요.

3. 학습 동기의 특성

바람직한 학습 동기의 특성	학습 동기 저하의 원인과 특성
흥미와 호기심에 오는 개인 욕구	상벌과 외적 압력에 기인하는 타율적 태도
배움과 진보와 도전을 위한 목적	성적과 등수를 위한 도전 회피와 안전 추구
과제와 난제를 해내고자 집중	과제보다는 타인의 인정에 집중
성공과 실패는 노력과 능력의 결과	성공과 실패는 어쩔 수 없는 운과 숙명
능력은 노력하면 변할 수 있음	능력은 유전적이어서 불변할 것임

4. 바람직한 학업 지도를 위한 효과적 전략 3가지

1. 작은 단계부터 시작해서 최종 목표에 도달하기-조형 이론

바람직한 성취 목표를 하나 설정해 놓습니다. 다시 그것을 소목표로 나누어 스스로 달성하게 합니다. 단계마다 성취감과 성공감을 경험케 함으로, 용기를 얻어 결국 원하는 큰 목표를 이루도록 하는 강화 기법입니다. 이것이 조형(shaping) 이론입니다. 행동 수정을 위해 사용되지만 학업 성취를 위해서도 매우 유용합니다. 구체적 방법은 아래와 같습니다.

1. 궁극적으로 원하는 구체적 목표를 하나 정합니다.
2. 목표를 다시 소목표로 작게 단계별로 나눕니다.
3. 소목표는 구체적이고 실현 가능한 정도여야 합니다.
4. 소목표를 스스로 달성하도록 격려하며 돕습니다.
5. 소목표를 달성했을 때 마음껏 칭찬해 줍니다. 단서를 붙이지 않는 칭찬이어야 합니다. 이를테면 "잘 했구나. 그런데 조금 더 잘하면 좋겠다." 하고 말해서는 안 됩니다. "잘했구나. 너도 한다면 하는구나. 정말 잘했다. 자랑스럽다." 하고 말해야 합니다.
6. 충분히 칭찬하고 나서 며칠이 지난 다음, 다시 그 다음 단계의 소목표를 정하게 합니다.
7. 같은 방법으로 칭찬하고, 며칠이 지나면 또다시 다음 단계의 소목표를 정합니다.
8. 칭찬을 힘입어 어느새 최종 목표를 달성합니다.

2. 가정 분위기 밝게 만들기

평소 부모와 여러 주제로 열린 대화를 많이 하는 자녀가 학업 성적도 높다는 통계 결과가 있습니다. 또한 자녀가 공부를 잘하기 원하는 부모보다는 올바른 품성을 갖기 원하는 부모 밑에서 자라는 학생이 오히려 공부를 잘하는 것으로 조사되었습니다. 학교의 숙제도 부모가 도와주기보다는 혼자 하는 학생이 장기적으로 높은 성적을 유지하는 것으로 나타나고 있습니다.

학교 성적에 대한 지나친 부모의 간섭과 집착은 오히려 역효과를 낸다는 것입니다. "공부해라." "공부해라." 하고 잔소리하면 할수록 자녀는 자발성이 약해져 스스로 공부하려는 의지가 떨어진다는 것을 명심하십시오.

3. 자존감과 학습 능력

자존감(self-esteem)이란 자기 존중감의 줄임말로, 자신이 얼마나 존중받을 만한 존재인가에 대한 느낌과 확신을 말합니다. 자신에 대한 가치감과도 같은 것이지요. 자존감이 높은 학생이 학교생활 전 영역에서 성취가 높다는 것은 재론할 필요도 없습니다. 자존감이 높으면 학습 능력도 높습니다. 자신의 능력에 대한 자신감이 높기 때문입니다. 자존감이 높으면 친구와의 대인 관계도 원만합니다.

따라서 자녀가 궁극적으로 학습 능력이 높아지기를 원하신다면, 어릴 때부터 자존감을 높여 주십시오. 진정한 자존감이란 '내가 다른 사람보다 뛰어나다는 것' 이 아닙니다. 건강한 자존감은 다음과 같은 확신에서 옵니다.

'나는 독특한 존재이다.'

'나는 유일무이한 존재이다.'

'나는 귀한 존재이다.'

'나는 하나님이 소중하게 지으신 존재이다.'

'그래서 나는 사랑받는 존재이다.'

'나는 잘할 수 있는 것이 있다.'

부모 여러분, 자녀가 공부 잘하기를 원하신다면 다음과 같은 표현을 아낌없이 전달하는 것을 잊지 마시기 바랍니다.

"사랑한다."

for parents

진정한 자존감

하나님은 바로 나를 위해 예수님을 십자가에 못 박으셨습니다. 나를 구원하시기 위해 엄청난 값을 치루셨습니다. 내가 '예수님의 생명 값' 만큼 소중한 존재라는 것을 깨닫는 순간, 진정한 자존감은 회복될 수 있습니다.

"귀하다."

"소중하다."

"자랑스럽다."

"하나님도 너를 사랑하신단다."

자존감이 높은 자녀는 실패에 대한 두려움 없이 자기 발전과 성장을 지속할 것입니다. 자신이 소중하다는 믿음을 가진 자녀는 인생을 함부로 살지 않고, 소중하게 살 것이기 때문입니다.

기·도·제·목

이번 만남을 통해 하나님께 올려 드려야 할 기도 제목을 적습니다.

나·눔·과·토·론

1. 어렸을 때는 나는 어떠한 이유로 꿈을 갖게 되었나요? 꿈을 이루어 갈 때 부딪혔던 난관을 어떻게 극복했나요?

2. 내 자녀만이 가지는 재능과 특기를 찾아 보세요. 즉 내 자녀는 무엇을 잘하는지 자랑해 보세요.

3. 내 자녀가 이미 열등감을 가지고 있는 과목이나 영역을 찾아 보세요.

4. 내 자녀가 지금부터라도 학업과 공부에 더욱 흥미를 가질 수 있게 할 방법들을 찾아 나누어 보세요.

5. 나는 자녀가 앞으로 무엇이 되기를 바라고 있는지, 그것이 과연 자녀의 은사인지 나누어 보세요.

6. 자녀가 내가 기대하는 것과 다른 인생 방향을 설계하고 있다면 나는 어떻게 해야 할까요?

상 · 담 · 코 · 너

Q 저는 아이들에게 믿음을 심어 주고 싶어서, 매일 저녁마다 가정 예배를 드리고 있습니다. 그런데 자녀들뿐 아니라 남편까지도 예배를 싫어하는 것 같아서 화가 납니다.

A 많은 부모들이 우선 공부부터 시키고 신앙심은 나중에 심어 주면 된다고 생각합니다. 그러나 이러한 결정은 영적 싸움에 대해 무지한 것이지요. 사단이 자녀들의 영혼을 호시탐탐 노리고 있다는 것을 모르는 것이지요.

자녀에게 믿음을 심어 주려는 결심은 참 귀합니다. 하지만 가정 예배를 형식적이고 율법적인 시간으로 만들어서는 안 됩니다. 가정 예배를 드리지 않으면 나쁘다는 메시지를 주어서도 안 됩니다. 가정 예배를 반드시 매일 드려야 하는 것은 아닙니다. 자녀의 나이와 상황에 따른 유연성도 필요합니다.

가정 예배는 즐겁고 의미 있는 시간이 되도록 해야 합니다. 예배가 몸이 뒤틀리도록 길고 지루해서는 안 됩니다. 부모님의 기준과 어휘를 사용하지 마시고, 자녀의 나이, 수준, 마음, 어휘를 고려하십시오. 그리고 예배 형식이 꼭 묵도로 시작해서 주기도문으로 끝나지 않아도 됩니다. 반드시 무릎 꿇고 앉아서 거룩한 표정으로 드려야 하는 것도 아닙니다. 때로는 율동으로, 찬양으로, 암송으로, 나눔으로 드려 보십시오. 자녀에게 예배 순서와 진행을 맡겨 보는 것도 좋은 방법입니다.

무엇보다 중요한 것은 예배가 삶이고, 삶이 곧 예배라는 것입니다. 생일을 맞았을 때, 아빠가 출장 중에 있을 때, 가족이 아플 때, 시험을 보기 전에, 또는 학교에서 어려운 일을 겪고 있을 때 예배와 기도를 통해 주님께 도움을 구하는 삶을 가르치십시오. 예배를 아름다운 추억의 시간으로 만드십시오.

그리고 진정한 가정 예배를 위해서는 평소 부모의 행동이 예배와 일치해야 한다는 것을 명심하십시오. 자녀에게 참된 예배의 축복을 전달하시기 바랍니다.

아
—
홉
—
번
—
째

청소년기

만
—
남

introduction

청소년기는 제 2의 기회입니다

청소년기는 성인의 세계로 들어가는 중간 과정이기에, 청소년기에는 자녀 자신뿐 아니라 부모도 많은 어려움과 혼란을 겪습니다. 그러나 청소년 자녀의 특성과 혼란을 이해하고 공감하며 나아간다면 오히려 축복과 회복의 시기가 될 수 있습니다.

청소년의 반항은 성인으로서 자신을 찾아 나가는 과정인 것입니다. 부모는 자녀를 어린애로 취급하면 안 됩니다. "엄마(아빠)가 하라는 대로 해라." "공부나 해라." "네가 뭘 안다고 그러니?" 하는 말들은 자녀의 반항심을 더욱 부추길 뿐입니다. 물론 부모 눈에는 아직 여러 가지로 미숙해 보이더라도 좀 더 인격적으로 어른처럼 대해 주어야 합니다.

청소년 기간은 전기인 중학교 시기, 중기인 고등학교 시기, 후기인 대학교 시기로 나눠 볼 수 있습니다. 물론 요즘 초등학교 고학년만 되어도 벌써 청소년기에 들어서는 특성이 보입니다. 또한 청소년기 후기는 성인기 초기와 맞물립니다. 때문에 대학생 시기의 자녀에게는 더욱 성인으로 인정해 주는 태도가 필요합니다. 그들이 자신을 책임질 줄 아는 온전한 사람으로 우뚝 설 때까지 믿어 주고 기다려 주어야 합니다. 그동안 부모는 집착과 강요와 간섭과 잔소리하는 태도를 내려놓는 법을 배울 것입니다.

1. 발달 과제: 자아 정체성 확립 vs 역할 혼돈

청소년 시기에 획득해야 할 발달 과제는 자아 정체성(self-identity) 형성입니다. 자아 정체성이란 '나의 정체는 무엇인가?' '나는 누구인가?' '나는 어떤 사람인가?' '앞으로 어떤 사람으로 살아가야 할 것인가?'에 대한 질문의 내용을 포함합니다.

청소년기에 자신의 정체성을 잘 확립한 사람은 다른 사람들과의 친밀감 형성이 쉽고, 친구들이나 이성과의 건강한 교제를 할 수 있습니다. 또 정체성을 기반으로 사회에 진출하여 생산적인 일을 할 수 있는 능력도 지니게 됩니다. 반대로 정체성이 흔들리면 대인 관계뿐 아니라 많은 심리적 문제와 증후를 겪기 때문에 청소년 자녀의 정체성 확립은 너무 중요한 과업입니다.

청소년기에는 부모, 특히 아버지와 스승과 선배와 친구와 같은 대상의 역할이 매우 중요합니다. 자신이 중요하게 생각하는 인물에게 사랑과 용납과 인정을 받으면서 정체성 형성이 건강하게 이루어지기 때문입니다.

이 시기는 앞날의 진로를 탐색하는 기간이므로 자신이 무엇을 잘할 수 있을지, 어떤 꿈과 비전을 품어야 할지를 고민하는 시기입니다. 따라서 공부하라는 압력보다는 앞날의 꿈과 비전에 대해 상담하는 자세로 들어 주는 태도가 필요합니다. 민일 주위에 자신이 존경하며 따르고 싶은 역할 모델(role model)이 있다면, 그리고 그 역할 모델에게 사랑과 관심의 멘토링을 받을 수 있다면 우리의 청소년 자녀에게는 참으로 큰 축복이 될 것입니다.

for parents

진짜 기억상실증

창조주 하나님을 모르는 '하나님 기억상실증'에 걸린 사람은 자신의 정체성을 상실한 사람입니다. 자신이 어디서 왔으며, 왜 태어났으며, 어떤 사명을 가지고 있는지를 알지 못하기 때문입니다. 진정한 정체성 확립은 하나님이 나를 지으셨고, 나를 사랑하시며, 나를 향한 놀라운 계획과 목적을 가지고 계시다는 사실을 깨닫는 순간부터 시작됩니다.

멘토링

자신이 먼저 획득한 기술, 지식, 지혜 등을 후배나 제자에게 전수하는 마음으로 그들이 성공할 수 있도록 도움과 충고를 아끼지 않고 제공하는 것을 말합니다. 제자 훈련의 정신과도 같습니다.

for parents

정체성 혼돈

정체성 확립을 실패하면 정체성 혼돈을 겪습니다. 혼돈에 빠진 청소년 자녀는 자신의 삶과 진로에 대한 구체적 고민과 대책도 없이 무작정 방황합니다. 또 자신이 얼마나 소중한 존재인지에 대한 확신이나 자부심도 없기 때문에 타인과 세상에 쉽게 휘둘리기도 합니다.

2. 자아 정체성

자아 정체성의 속성은 다음과 같습니다

■ 자녀에게 해당되는 항목에 V 체크하세요.

□ 미래에 되고 싶고, 하고 싶은 것들이 있습니다.
□ 인생에서 중요한 것이 무엇인지를 나름대로 생각합니다.
□ 자신의 장점과 단점을 알고 있습니다.
□ 이 세상에서 내가 해야 할 일이 반드시 있을 것이라는 확신이 있습니다.
□ 해서는 안 될 일과 해야 할 일에 대해 알고 있습니다.
□ 남들이 사는 대로 그냥 따라가며 살지 않겠다는 생각이 있습니다.
□ 자신의 앞날과 진로에 대한 꿈과 비전이 있습니다.
□ 마음에 존경하며 따르고 싶은 사람이 있습니다.
□ 나 자신에 대한 생각이 나름대로 정리되어 있습니다.
□ 남성 또는 여성으로 태어난 것에 대해 자부심과 특성을 알고 있습니다.

■ 체크한 항목은 몇 개인가요? (　　　　　)
■ 점수는 몇 점인가요? (　　　　　)

*총 100점 만점 중에서 체크한 항목 개수×10점이 점수입니다.

■ 특히 잘되지 않는 항목은 어떤 것인가요? (　　　　　)

2. 정체성의 요소들

정체성에는 여러 가지 요소가 있습니다. 이를테면 외모, 능력, 신앙, 가치관, 행동 양식, 그룹(또래친구, 학교, 교회 등), 특기와 재능, 장래 희망, 진로 선택 같은 요소를 말합니다. 청소년 자녀는 이 모든 요소들에 대해 고민하고 있다고 보면 됩니다. 자신의 외모에 대해 고민하지 않는 청소년은 없으며, 친구와 장래에 대해 염려하지 않는 청소년은 없습니다.

또한 그들은 불확실한 미래에 대한 불안, 혼란, 두려움, 우울, 외로움, 그리고 자신감 없음을 느끼고 있는 것입니다. 청소년에게는 그들의 그러한 고민을 들어 주는 사람이 필요합니다. 그들을 강요하지 않으면서도 이해와 사랑으로 안내해 주는 청소년 사역자와 상담자의 멘토링이 필요한 것입니다.

3. 정체성 형성의 4단계

청소년의 정체성에 대해 마르샤(Marcia)라는 학자는 다음의 4단계로 나누어 설명했습니다. 청소년 자녀를 이해하기 위한 좋은 안내가 될 것입니다.

첫째, 정체성 혼미에 빠져 있는 청소년입니다. 이들은 자신의 정체성에 대해 능동적인 탐색과 고민도 없이 무작정 반항과 혼란을 보입니다. 혼미 단계에 빠진 청소년 자녀에게는 교육과 상담, 사랑과 격려를 통해 자신의 미래에 대해 적극적으로 탐색하도록 도전하는 인도가 필요합니다.

둘째, 정체성 유예에 있는 청소년입니다. 이들의 겉모양은 혼미 상태처럼 보일 수도 있습니다. 그러나 이들은 정체성과 장래에 대한 적극적 탐색 과정 중에서 혼란을 겪고 있는 것입니다. 즉 결정을 앞둔 탐색이며, 확립을 위한 유예 기간에 있는 것입니다. 이들에게는 격려와 유용한 정보가 필요합니다.

셋째, 정체성 유실된 청소년입니다. 이들은 정체성을 위한 고민과 혼란을 겪지 않은 채, 완성된 것으로 보이는 청소년입니다. 이들은 진로와 직업에 대해 결정된 상태이며, 신앙과 가치관이 확고해 보이기도 합니다. 보통 부모님의 기대를 일찍 수용한 경우가 많습니다. 이러한 청소년에게는 한번쯤 자신의 결정과 진로에 대해 기도해 보도록 도전하면서, 자기 탐색을 위한 적성 검사 등을 권유해 보는 것도 좋습니다. 물론 지지와 격려도 아끼지 말아야 합니다.

넷째, 정체성 성취된 청소년입니다. 많은 고민과 탐색을 거친 다음, 자신의 진로와 앞날에 대해 결정을 내린 상태입니다. 물론 모든 정체성 요소를 다 성취한 사람은 많지 않을 것입니다. 또 성취했다 해도 다시 흔들릴 수 있지만 그것도 건강한 과정입니다. 사람은 끝없이 도전하는 존재이기 때문입니다. 정체성 성취 단계에 있는 자녀 역시 실패에 대한 불안과 의심과 두려움을 가지고 있다는 것을 잊지 마십시오. 따라서 그들이 내린 결정에 대해서는 그것이 잠정적인 것이라 할지라도 부모의 인정과 적극적인 지지가 반드시 필요한 것입니다.

⚠ **여기서 잠깐** 나의 자녀가 지금 어느 단계에 있을까요? 그렇다면 어떻게 도와주어야 할까요?

3. 청소년은 왜 반항하고 분노하는가

1. 분노와 반항은 성인으로 존중해 달라는 메시지입니다

청소년 자녀는 사소한 일에도 쉽게 반항하고 분노합니다. 어제까지도 착하고 순종적이던 자녀가 뭐가 못마땅한지 부모에게 불친절하고, 화를 내고, 씩씩대며, 도전적인 태도를 보입니다. 그럴 때 부모의 마음은 당황스럽고 실망스럽기 짝이 없습니다. 그러나 그러한 반항적 태도를 꼭 부정적인 것으로만 보아서는 안 됩니다. 자신을 찾아 나가는 건전한 자기주장의 과정으로 바라보아 주십시오. 부모에게 전혀 반항이나 말대꾸를 표현 못하는 자녀가 오히려 나중에 수동적이며 불건강한 문제를 일으킬 수도 있습니다.

청소년 자녀의 반항적 태도에는 나름대로 타당한 이유가 있습니다. 마치 유아가 스스로 성장해 가면서 자율적 생리 활동마저 힘들어서 잠투정을 하듯이, 청소년은 부모에게서 독립하는 과정에서 자기감정을 스스로 다스리기가 어려운 것이라고 이해해 주십시오.

청소년 자녀의 반항과 분노에는 또 다른 이유가 있습니다. 그들의 눈에 부모가 부당하다고 여겨지면 분노합니다. 부모의 말이 이율배반적이라고 여겨질 때 분노합니다. 부모의 신앙에서 거짓을 보았을 때 반항합니다. 엄마 아빠가 서로 미워하며 불화할 때 분노합니다.

특히 자신의 마음을 몰라줄 때, 공부만 하라고 강요할 때 분노합니다. 이래라 저래라 하면서 일일이 먹는 것, 입는 것, 자는 시간까지 통제할 때 청소년 자녀는 분노하고 반항합니다. 그들의 반항과 분노 속에는 "엄마 아빠 나도 생각할 수 있습니다." "내가 스스로 생각할 수 있도록 시간 여유를 주세요." "나를 믿어 주세요." "엄마 아빠 식으로 강요하지 마세요." "나를 어린 아이 취급하지 마세요." 하는 무언의 메시지가 담겨 있는 것입니다.

for parents

수동적 문제 행동

자녀들의 문제 행동에는 적극적(active destructive) 유형과 수동적(passive destructive) 유형이 있습니다. 겉으로 적극적으로 드러나는 반항적 태도는 차라리 건강하다고 볼 수 있습니다. 그러나 우울증과 신경증과도 같은 수동적 증상은 자녀의 정신과 마음을 상하게 하기 때문에 더 심각하다고 볼 수 있습니다.

2. 성인식 치러 주기

지금도 남아 있는 여러 부족 사회에서는 12세 또는 13세가 된 아이에게 의미 있는 성인 의식을 베풀어 준다고 합니다. 성인식에서 "너는 더 이상 어린 아이가 아니다." "너는 이제 사회의 당당한 일원이다." "너는 가족과 사회에 기여하는 중요한 역할을 해야 한다." "우리는 너를 어른으로 인정하겠다."는 메시지가 선포되는 셈입니다. 눈여겨보아야 할 것은 그러한 사회에서는 청소년 자녀의 혼란과 반항은 거의 찾아보기 어렵다는 것입니다.

그러나 현대 사회는 청소년기 자녀에게 공부와 기술 습득 같은 의무를 요구하면서, 어린이도 아니고 어른도 아닌 어중간한 기간이 상당 시간 주어지고 있는 것입니다. 그 결과 사춘기라는 어려운 계층이 등장한 것입니다.

그렇다면 우리도 다음과 같이 적용해 볼 수 있을 것입니다. 세 차례 정도의 성인식을 베풀어 주십시오. 이를테면 중학교 입학 때, 고등학교 입학 때, 그리고 20세가 되는 생일날에 의미 있는 의식을 마련해 보십시오.

중학교에 입학하는 자녀에게 뜻 깊은 파티를 열어 주는 겁니다. 그 날에 전달해야 할 메시지는 다음과 같아야 합니다. "벌써 네가 중학생이 되었구나." "이젠 어린 아이가 아니구나." "우린 네가 어른이 되어가는 것이 기쁘다." "더 이상 너를 어린 아이 취급을 하면 안 되겠구나." "이제는 많은 것을 스스로 결정하고 책임져야 한단다." "어른이 되는 것은 때로는 어려운 일이지만, 너는 잘 해낼 거다." 하는 내용을 전달하는 것입니다.

고등학교 입학 때 베푸는 성인식에서는 더더욱 많은 자율성과 책임감과 권리를 부여해야 합니다. 대학생 시기가 되면 자기의 인생을 책임지며 살아가는 온전한 성인으로 인정해 주며, 뜻 있는 성인식을 치러 주면 좋겠습니다.

4. 의존과 독립에 따른 부모 역할

의존과 독립은 자녀 양육에서 지속적으로 염두에 두어야 할 두 가지 상반된 개념입니다. 사람은 누구나 의존과 독립, 애착과 분리가 함께 필요합니다. 충분한 의존이 이루어지면 독립이 가능하고, 충분한 애착이 이루어지면 분리가 건강하게 이루어집니다. 반대로 의존이 결핍되면 독립이 어렵고, 애착이 결핍되면 분리가 어렵습니다. 청소년 자녀는 이전보다 더 많은 독립과 분리를 원하고 있습니다. 그러면서도 여전히 사랑과 의존을 요구하는 모순성을 보이기도 합니다.

다시 말하면 부모에게서 독립하기를 열망하면서도, 한편으로는 부모의 지지와 의존이 여전히 필요한 시기라는 것입니다. 따라서 부모는 청소년 자녀의 독립을 힘껏 격려하면서, 동시에 언제든 그들이 부모를 필요로 할 때는 용납해 주어야 합니다. 그러나 앞서서 도와주지는 마십시오. 지나치게 도와주지도 마십시오. 자녀는 독립과 책임을 배워야 하기 때문입니다. 그러나 언제든 부모의 사랑과 격려를 요구할 때는 넓은 팔로 따스하게 품어 주시기 바랍니다. "우리는 언제나 너를 사랑한단다." "그러나 이제는 스스로 살아가야 한다."는 마음으로 준비하십시오.

1. 코치가 되어 주세요

인생이라는 운동 시합에 출전하여 뛰어야 할 당사자는 청소년 자녀입니다. 부모가 그들의 인생을 대신 뛰어 주거나 살아 줄 수는 없습니다. 그들의 생활에 너무 깊이 관여하지 마십시오. 독립적인 사고와 행동을 하도록 격려해 주십시오. 지나치게 도와주지 마십시오. 자녀는 넘어질 수도 있습니다. 어려움을 겪을 수도 있습니다. 실패할 수도 있습니다.

그러나 당황하지 마십시오. 자녀가 실패를 배움의 기회로 활용하도록 이끌어 주어야 합니다. 지금의 실패가 문제가 아닙니다

for parents

의존과 독립

"큰 아이들은 힘차게 달린다. 쏜살같이 거리를 달려 저녁 시간이 지나, 씻고 잘 때가 되어도 감감 무소식이다. 큰 아이들을 따라가지 못한 영아가 혼자 자전거를 끌고 타박타박 걸어 온다.
달리고 싶지만 곧 쓰러진다.
영아야, 내일 또 내가 밀어 주마.
조금만 더 붙잡아 주면 뒤뚱거리다 달려 나갈 거야.
그러고는 네 모습이 조그맣게 사라지겠지. 네게 자전거를 가르쳐주다가 네가 다 배우면 나는 널 놓아줄 거야.
멀리멀리 혼자 가도록."
–찰스 스윈돌, 《은혜의 각성》

다. 영원한 실패가 되지 않도록 인생의 코치가 되어 주십시오. 훌륭한 코치는 강요하거나 야단치지 않습니다. 지나친 충고나 잔소리 역시 효과가 적습니다. 훌륭한 코치는 용기를 북돋아 줍니다. 때로는 그들의 한계와 약점을 이해합니다. 약점이 있지만 강점을 활용할 수 있도록 격려합니다. 최종 목표는 당장의 게임에서 승리하는 것보다는, 결국에 훌륭한 선수로서 독립할 수 있도록 앞장서서 이끌어 주는 것입니다. 이것이 훌륭한 코치의 역할입니다.

2. 자녀의 고민을 들어 주세요

청소년 자녀는 참으로 많은 고민을 가지고 있습니다. 어른들이 보기에는 별것 아닌 것 같지만, 그들에게는 때로는 자살을 결심할 만큼 어렵고 심각한 고민들이라는 것을 유의하십시오. 청소년은 자신들의 고민을 털어놓을 대상이 없다고 생각합니다. 자신의 마음을 알아 줄 사람이 없다고 생각하기 때문입니다.

청소년 자녀의 행동과 눈빛에 관심을 기울이십시오. 그리고 열린 마음으로 자녀에게 다가가서 열린 대화를 시도하십시오. 잔소리나 충고는 금물입니다. 그냥 들어 주십시오. 해결책이나 대답을 주지 못해도 좋습니다.

또한 어떤 이야기를 해도 놀라거나 흔들리지 마십시오. 단지 "그랬구나." "저런!" "힘들었겠구나." "얼마나 힘들었니?" "우리에게 말해 주어서 고맙다." 하는 태도를 보이십시오. 자녀는 누군가 내 마음을 알아주고 들어 주는 사람이 있는 것만으로도 어려움을 극복할 힘을 얻는 것입니다. 부모를 찾아와서 고민과 어려움을 털어놓을 수 있도록 열린 자세를 유지하십시오.

3. 부모의 상황을 알려 주세요

성장하는 자녀와는 인생 이야기도 나누어 보십시오. 청소년 자녀는 부모가 여러 가지 가정 형편을 자신과 의논해 줄 때, '부모가 나를 신뢰한다.' 하고 믿습니다. 흔히 부모는 자녀에게 "어른들의 이야기니까 너는 알 필요가 없어." 또는 "너는 쓸데없는 걱정 말고 공부나 해라." 하고 말합니다. 하지만 오히려 반대입니다. 부모의 형편과 상황과 마음을 진솔하게 말해 주면 자녀는 더 빨리 철이 들고 공부에도 열중합니다.

이를테면 아빠가 직장에서 조기퇴직을 권유받고 있다든가, 요즘 회사가 이러저러하게 어렵다든가, 요즘 아빠의 생각이 급변하는 시대에 따라가지 못하는 것 같아 불안하다는 마음을 자녀에게 진솔하게 이야기해 보세요. 물론 그럴 때 슬쩍 "그러니까, 너희들 공부 열심히 해라." "돈 아껴 써라." 하는 은근한 비난과 충고를 집어넣으면 안 됩니다.

그냥 때로는 친구처럼, 때로는 진솔하게, 그리고 편안한 마음으로 자녀와 대화를 나누십시오. 그러면 의외로 자녀가 부모를 위로하며 건설적 대안을 내놓을 수도 있습니다. 그리고 '내가 부모를 도와 드려야겠다.' 는 책임감까지 배울 것입니다.

5. 부모가 청소년기에 꼭 전달해야 할 메시지

1. 여전히 전달해야 할 메시지

청소년기는 제 2의 기회이기도 합니다. 그동안 전달하지 못했던 사랑을 다시금 전달할 기회로 이용하십시오. 청소년 자녀는 더더욱 부모의 사랑과 인정이 필요하다는 것을 잊지 마십시오. 청소년 자녀의 자아상 회복을 위해 거듭 전달해야 할 내용은 다음과 같습니다.

- 너는 소중한 존재란다.
- 너는 유일무이한 귀한 존재란다.
- 너는 우리 모두에게 꼭 필요한 존재란다.
- 네가 앞으로 해야 할 일이 반드시 있을 것이다.
- 현재의 너의 모습을 보고 행여나 실망하지 말아라.
- 앞으로 하나님이 너를 멋지게 만드실 거다.
- 사람은 누구나 강점도 있고, 약점도 있단다.
- 하나님은 준비된 사람을 찾으시며 사용하신단다.
- 두려워하지 말거라. 하나님은 너를 도와주신단다.

2. 예수님을 만나면 성공입니다

지금까지 자녀는 부모의 신앙과 가치관을 별 의심 없이 따랐을 것입니다. 그러나 청소년이 되면 한번쯤 부모의 신앙과 가치관에 대해 의문을 제기할 수가 있습니다. 더욱이 학교에서 배우는 진화론 때문에 하나님의 창조와 말씀에 대해서 의심이 생길 수도 있습니다.

그때 믿음 없다고 야단치거나 정죄하시면 안 됩니다. 오히려 참 신앙을 가질 수 있는 좋은 기회로 삼으십시오. "그래, 이제 네가 신앙에 대해 깊이 생각할 때가 되었구나." "하나님이 네게 사

for parents

자녀가 창조론을 의심할 때

자녀가 창조론을 의심할 때 리 스트로벨의 책 《창조설계의 비밀》을 선물하세요. 진화론을 공격하는 태도보다는 자녀가 논리와 이성으로 창조주 하나님을 만날 수 있도록 도와주세요.

고 능력도 주셨으니 하나님의 창조에 대해서도 공부해 보렴." 하고 말해 주십시오. 그리고 좋은 참고 서적을 권유해 보십시오. 물론 중보기도는 필수입니다. 왜냐하면 이것은 어려운 영적 싸움이기 때문입니다. 우리 자녀의 영혼을 사단은 어떻게 해서든 빼앗아 가려고 획책하고 있다는 것을 잊지 마십시오.

사실 우리의 청소년 자녀가 예수님의 존재와 사랑을 직접 경험하기만 하면 정체성 확립은 성공적으로 완성될 것입니다. 이제는 주님이 친히 자녀에게 꿈도 주시고, 비전도 주실 것이기 때문입니다. 청소년 자녀가 예수님을 만날 때 모든 것은 회복될 것입니다.

6. 이미 잘못된 자녀 되돌리기

BPS를 진행하다 보면 많은 부모님들이 후회와 죄책감에 시달리는 것을 봅니다. "이렇게 중요한 것을 왜 그때는 몰랐을까요." "지금에 와서 이것을 배운다고 해서 뭐가 달라질까요? 이미 우리 아이는 너무나 그릇된 길로 가고 있습니다." 하고 호소하는 부모를 만납니다. 그럴 때는 저도 난감하기도 하고, 그 심정을 너무나 이해할 수 있어서 안타깝기도 합니다.

그렇습니다. 이미 청소년이 된 자녀가 잘못된 길에서 방황하고 있는 경우, 또는 수동적 문제 행동으로 우울증과 무기력증에 빠져 있는 경우에 부모의 심정은 하늘이 무너지는 느낌일 것입니다. 심지어는 18살된 딸이 어떤 남자와 동거하고 있다는 것을 알게 되었을 때, 아무도 나의 기가 막힌 심정을 알아줄 사람이 없습니다. 다른 사람에게 털어놓으면 오히려 정죄받을 것 같아서 말도 못하는 부모들이 많습니다. 어쩌다 교회 사역자에게 털어놓았더니, "아니 부모가 어떻게 했기에, 애가 그 모양이 되었나요? 믿음 생활을 더 잘했으면 그런 일이 안 생겼을 텐데…." 하는 말을 듣고 더 큰 죄책감에 시달렸다고 하소연하는 부모님도 만난 적이 있습니다.

죄책감을 버리십시오. 어떤 부모도 완전한 사람은 없습니다. 또 문제가 없는 가정도 없습니다. 단지 현재의 문제를 어떻게 대처해 나갈 것인가, 그것이 문제인 것입니다. 불건강한 사람은 문제의 뿌리 다루기를 거부합니다. 상황을 부인하고 회피하면서, 분노하거나 입을 다물어 버립니다. 그래서 문제는 더 악화될 뿐입니다. 반대로 건강한 부모는 문제를 만났을 때, 힘들어도 문제를 적극적으로 다루어 나갑니다. 그리고 문제의 뿌리를 치유하기 위해 부모 자신이 변화를 시도합니다. 사실 청소년기는 부모 자녀 관계를 회복할 수 있는 중요한 기회이기도 합니다.

청소년 자녀가 탈선했다면 그 누구도 부모의 역할을 대신 해 줄 사람은 없습니다. 부모가 자녀를 찾고, 만나고, 호소하고, 대화를 시도해야 합니다. 특히 자녀가 탈선했을 때는 아빠의 역할이 중요합니다. 많은 사례를 보면 아빠가 적극 문제를 다룰 때 변화가 빠른 것을 봅니다. 해결이 불가능한 문제는 없습니다. 지금까지 배운 BPS 부모의 기술을 지금이라도 활용하십시오. 다음과 같이 시도해 보십시오.

1. 부모 자신이 적극적으로 변화하십시오.
2. 여전히 조건 없는 사랑을 표현하십시오. "그럼에도 아빠는 너를 사랑한다." "어떠한 일이 있어도 우린 너를 사랑한다." 하고 표현하십시오.
3. 부모의 권위를 회복하십시오.
4. 지금까지는 어떻게 살아오셨는지 모르겠지만, 이제부터라도 돈과 명예보다 가정을 소중히 여기십시오.
5. 신앙생활을 점검하십시오. 이번 기회에 하나님께 더 가까이 나가십시오.
6. 부부간의 사랑을 회복하시고 점검하십시오. 필요하다면 상담실을 찾아가십시오. 부부 관계에 변화를 시도하십시오.
7. 대화법도 훈련받으십시오. 특히 문제를 해결하기 위해서는 열린 대화가 열쇠입니다.
8. 자녀의 회복을 위해 기도를 시작하십시오. 하나님께 부르짖으십시오. 답답함과 두려움, 후회와 죄책감을 쏟아 놓으십시오. 하나님은 당신의 기도를 들으십니다.

그리고 잊지 마십시오. 하나님의 생각은 당신에게 재앙이 아니라 평안과 장래의 소망을 주기 원하신다는 것을 기억하십시오. 고난 속에서도 하나님을 찬양하다 보면 당신의 자녀는 반드시 회복될 것입니다. "내 영혼아 네가 어찌하여 낙망하며 어찌하여 내 속에서 불안하여 하는고. 너는 하나님을 바라라 나는 내 얼굴을 도우시는 내 하나님을 오히려 찬송하리로다"(시편 43:5).

기·도·제·목

이번 만남을 통해 하나님께 올려 드려야 할 기도 제목을 적습니다.

나·눔·과·토·론

1. 내가 청소년 시절에 가장 고민했던 것이 무엇이었습니까? 나누어 보세요.

2. 그 시절에 부모님의 어떤 태도가 나를 가장 화나게 했었나요?

3. 나의 청소년 자녀가 지금 가장 고민하는 것이 무엇일지 생각해 보고 나누어 보세요.

4. 나의 청소년 자녀가 나의 어떤 점을 가장 견디기 힘들어 하고 있을까요?

5. 청소년 자녀를 위해 내가 먼저 변해야 한다면 나의 어떤 면이 가장 먼저 변해야 할까요?

6. 지금이라도 나의 청소년 자녀에게 힘과 용기를 줄 수 있는 구체적 방법을 찾아보고 나누어 보세요.

상·담·코·너

Q 중학교 3학년 아들이 음란 사이트에 접속한다는 것을 알았습니다. 아들의 컴퓨터를 살펴보니 어쩌다 한 번 접속한 것이 아니었습니다. 가슴이 떨리고 아들이 징그럽기까지 합니다. 도와주세요.

A 가장 중요한 것은 사랑의 대화입니다. 이번 경우에는 아빠가 더 적합하겠지만, 엄마가 나서도 괜찮습니다. 비난을 하거나 야단을 쳐서 아들에게 죄책감과 수치감을 주면 아들은 마음을 닫아 버립니다. "음란 사이트는 더럽고 추잡한 것인데, 네가 어떻게 그런 것을 볼 수 있니? 아빠는 네가 너무 실망스럽고 싫다. 하나님 앞에 떳떳하다고 생각하니?" 하는 표현은 금물입니다.

물론 부모의 심정을 솔직히 표현하십시오. 이를테면 "아빠가 너무 놀랐단다. 그리고 네가 걱정이 되었단다. 허긴 아빠도 네 나이 때 성에 대해 호기심이 많았는데, 우리 아들이 성에 관심을 가질 만큼 컸다는 것을 미처 몰랐구나. 요즘 아빠에게도 음란 스팸 메일이 많이 들어오는데, 어쩌다 실수로 클릭이라도 하면 그 다음에는 마구 쏟아져 들어온단다." 하는 식으로 접근하십시오.

그리고 아들의 머리라도 쓰다듬어 주십시오. 그리고는 아들의 변명을 들어 주십시오. 부모가 자신을 비난하거나 정죄하지 않는다는 것을 알면, 자녀는 자신의 마음을 털어놓을 것입니다. 이번 사건을 아들에게 성을 가르칠 수 있는 기회로 활용하십시오. 성에 대한 왜곡된 시각을 바로 잡아 주십시오. 음란 사이트가 왜 해로운지를 설명해 주십시오. 성을 더럽게 이야기하지 말고, 원래 성이란 하나님이 만드신 아름다운 것이며, 앞으로 만날 배우자를 위해 순결하게 지켜야 한다는 것을 가르치십시오.

그리고 "아빠가 어떻게 도와주면 좋을까?" 하고 말하면서 함께 예방할 수 있는 방법을 찾아보시기 바랍니다. 사랑이란 언제나 대상을 살리고, 회복시키는 것임을 잊지 마십시오. 이번 사건으로 아빠와 아들이 더 가까워지는 계기가 되기를 바랍니다.

5

어떻게 대화할까

건강한 가정의 가장 중요한 특징이 열린 대화입니다. 우리 몸을 도는 혈액이 산소를 구석구석 공급하고 탄산가스를 배출하는 것처럼, 대화는 가족 관계에서 발생하는 갈등과 문제와 차이를 풀어 나가게 해 줍니다. 대화만 잘하면 자녀 양육도 성공할 수 있습니다. 자녀와 대화만 할 수 있다면, 문제도 극복할 수 있습니다.

자녀의 마음 듣기 _ 생명의 말하기

열
—
번
—
째

자녀의 마음 듣기

만
—
남

introduction

자녀와의 대화를 회복하는 것이 급선무입니다

건강한 가정의 가장 중요한 특징이 열린 대화입니다. 우리 몸을 도는 혈액이 산소를 구석구석 공급하고 탄산가스를 배출하는 것처럼, 대화는 가족 관계에서 발생하는 갈등과 문제와 차이를 풀어 가게 해 줍니다. 대화만 잘하면 자녀 양육도 성공할 수 있습니다. 자녀와 대화만 할 수 있다면, 문제도 극복할 수 있습니다.

일방적으로 충고하고 설교하는 대화가 아닌, 서로의 마음을 이해할 수 있는 대화가 필요합니다.

우선 자녀들의 이야기를 들어 보십시오.

"우리 아버지와 대화하려면 마음이 답답합니다."

"부모님은 나의 이야기를 듣지 않으세요."

"잔소리가 지긋 지긋해요."

"우리 아빠는 자기만 옳다고 하는걸요."

"엄마와 이야기하면 자꾸 화가 납니다."

자녀와의 대화를 회복하는 것이 급선무입니다. 그러기 위해서는 부모가 먼저 변해야 합니다. 부모가 대화 스타일을 바꿔야 합니다. 무엇보다 말하기에 앞서 듣기를 해야 합니다. 열린 대화를 통해 자녀와의 관계를 회복해야 합니다.

1. '대화' 에 관한 성경 말씀

❙ 태초에 말씀이 계시니라 이 말씀이 하나님과 함께 계셨으니 이 말씀은 곧 하나님이시니라(요한복음 1:1).

❙ 말씀이 육신이 되어 우리 가운데 거하시매 우리가 그 영광을 보니 아버지의 독생자의 영광이요 은혜와 진리가 충만하더라(요한복음 1:14).

하나님은 말씀이십니다. 지금도 우리와 말씀하시기를 원하시는 인격적인 하나님이십니다. 말씀이신 그 하나님이 이 땅에 육신으로 찾아오신 것입니다. 우리와 대화하시기 위해서, 대화를 통해 우리를 구원하시기 위해 우리 수준으로 내려오신 사건이 예수님의 성육신 사건입니다.

❙ 여호와께서 말씀하시되 오라 우리가 서로 변론하자 너희 죄가 주홍 같을지라도 눈과 같이 희어질 것이요 진홍같이 붉을지라도 양털같이 되리라(이사야 1:18).

❙ 그러나 여호와께서 선지자를 저에게 보내사 다시 자기에게로 돌아오게 하려 하시매 선지자들이 저에게 경계하나 듣지 아니하니라(역대하 24:19)

하나님은 지금도 우리에게 말씀하십니다. 돌아오라고 애타게 말씀하고 계십니다. 와서 함께 변론하자고 초청하십니다. 창조주 하나님이 피조물인 우리 인간에게 대화하자고 호소하고 계시는 것입니다. 선지자를 통해 돌아오라고 아무리 말해도 듣지 않는 것이 인간의 모습입니다. 마치 부모의 이야기에 귀를 막고 있는 불순종하는 자녀의 모습을 보는 것 같습니다.

❙ 사연을 듣기 전에 대답하는 자는 미련하여 욕을 당하느니라(잠언 18:13).

❙ 듣기는 속히 하고 말하기는 더디 하며 성내기도 더디 하라(야고

보서 1:19).

▌사흘 후에 성전에서 만난즉 그가 선생들 중에 앉으사 저희에게 듣기도 하시며 묻기도 하시니(누가복음 2:46).

대화의 시작은 듣는 것입니다. 말하기에 급급해서 자녀의 이야기와 사연을 듣지 못하는 것은 아닌지 살펴보십시오. 진정한 대화를 위해 듣기도 하시고 묻기도 하셨던 예수님의 겸손한 모습처럼 듣기도 하고 묻기도 하며 자녀의 이야기와 속마음에 귀 기울이는 부모가 되시기 바랍니다.

▌온량한 혀는 곧 생명나무라도 패려한 혀는 마음을 상하게 하느니라(잠언 15:4).

▌죽고 사는 것이 혀의 권세에 달렸나니 혀를 쓰기 좋아하는 자는 그 열매를 먹으리라(잠언 18:21).

말에는 살리는 말과 죽이는 말이 있습니다. 자녀의 영혼을 살리는 생명의 말과 영혼에 상처를 주는 사망의 말이 있는 것입니다. 오늘도 자녀를 살리는 말을 하고 있나요, 아니면 나도 모르게 죽이는 말을 하고 있나요? 혀를 제어하십시오. 혀를 성령님께 의탁하십시오. 부모의 생명의 말 한마디로 자녀의 영혼이 살아나기를 바랍니다.

▌사랑은 무례히 행치 아니하며(고린도전서 13:5).

▌자녀를 노엽게 하지 말고(에베소서 6:4).

사랑은 예의를 지키는 것입니다. 어린 자녀에게도 무례하게 말해서는 안 됩니다. 어린 자녀라 할지라도 인격에 손상이 가는 말을 들으면, 마음에 분노가 생깁니다. 창조주 하나님도 피조물인 우리의 인격 하나하나를 존중히 여기신 것처럼, 자녀의 인격을 소중하게 존중하는 태도를 유지하시기 바랍니다.

❙ 우리에게 있는 대제사장은 우리 연약함을 체휼하지 아니하는 자가 아니요(히브리서 4:15).

❙ 예수께서 눈물을 흘리시더라(요한복음 11:35).

❙ 즐거워하는 자들로 함께 즐거워하고 우는 자들로 함께 울라(로마서 12:15).

대화에서 가장 중요한 것은 공감입니다. 즉 함께 웃어 주고 울어 주는 체휼(sympathy)의 마음입니다. 예수님은 우리의 연약함을 공감하셨습니다. 때로는 우리와 함께 울어 주시는 분이십니다. 공감의 힘은 설교보다, 교훈보다 강합니다. 누군가 나와 함께 울어 주는 사람이 있다면 어떤 어려움과 절망까지도 딛고 일어날 용기를 얻을 것입니다. 우리도 예수님처럼 자녀의 마음을 함께 체휼하며 공감해 주는 부모가 되어야겠습니다.

for parents

I am me

나는 나를 바라본다
유일무이한 존재
경이로운 존재
내 안에 신성함을 느낀다
창조주의 숨결을 느낀다

나는 본다
나는 듣는다
나는 생각한다
나는 깊이 느낀다
나는 배울 수 있다
나는 변화한다
나는 성장한다
나는 선택한다
그리고 나는 책임진다

아무도 나일 수 없다
그 누구도 나에게 강요할 수 없다
누구도 나를 침범할 수 없다
그러나
오직 사랑이라는 이름
침범하지 않는 사랑
강요하지 않는 사랑
기다려 주는 사랑
그 사랑으로만 나는 마음의 문을 연다

-사티어(Satir)

2. 자녀의 자기표현을 들어 주는 4가지 태도

어린 시절은 자기표현을 배우는 시기입니다. 자녀는 어린 시절에 말하기와 자기표현을 배워야 합니다. 비록 처음에는 표현이 서투르고 생각이 정리되어 있지 않지만, 누군가 서두르거나 재촉하지 않고 차분히 들어 준다면 자녀는 자기 논리와 자기표현을 배울 것입니다. 아이도 보고, 듣고, 느끼며 생각하는 존재입니다. 또한 나름대로의 바람과 소원을 가지고 있습니다. 건강한 아이는 자신의 생각과 느낌과 바람과 소원을 표현할 수 있어야 합니다. 어린 시절에 자신을 편안하게 표현하도록 아이의 말에 귀를 기울여 주십시오. 경청해 주십시오. 이것은 힘든 일이지만, 그 대가는 참으로 클 것입니다.

1. 대변인 역할을 하지 마세요

대변인이 되지 마십시오. 자녀의 생각과 느낌을 대신 말해 주지 마십시오. 자녀 스스로 "배고프니까 밥을 먹고 싶다."고 말하기 전에 "너 배고프지 않아?" 또는 "지금쯤 배가 고플 때가 됐는데." 하고 미리 알아서 챙겨 주지 마십시오. 그럴 때 자녀는 무능감과 혼돈을 경험합니다. 흔히 엄마는 아이의 필요와 마음을 자신이 다 알고 있다고 짐작해 버립니다. 물론 아이의 대답과 표현이 서투르고 불충분하니까 도와주려는 마음에서 아이 대신 말해 준다는 것을 잘 압니다. 그러나 아이도 자신을 표현할 기회를 가져야 합니다. 건강한 자기표현 능력을 배울 수 있도록 기회를 마련해 주십시오.

2. 긍정적 감정을 들어 주세요

자녀가 행복하기를 원하십니까? 긍정적 감정의 표현을 가르쳐 주세요. 이를테면 "감사합니다." "행복해요." "즐거워요." 하고 표현하도록 도와주십시오. 그러면 자녀는 더욱 감사하고 행복한 삶을 살 것입니다. 긍정적 감정은 표현할수록 더욱 커집니다.

반대로 감사하고 행복한 순간에도 말로 표현하지 않으면 감사와 행복은 줄어듭니다. 그러면 자녀는 성장한 뒤에도 감사와 행복을 누리지 못하는 무미건조한 삶을 살아갈지도 모릅니다. 자녀가 긍정적인 감정을 건강하게 표현할 수 있도록 잘 경청해 주십시오. 긍정적인 감정 표현은 다음과 같습니다.

- 사랑해요.
- 행복합니다.
- 즐거워요.
- 감사합니다.
- 참 좋아요.
- 기뻐요.
- 안심이 됩니다.
- 평화롭네요.
- 와, 신난다.
- 참, 재미있다.
- 참, 흥미롭다.
- 아름다워요.
- 와, 멋있다.
- 자랑스러워요.
- 할 수 있을 것 같아요.

3. 부정적 감정도 들어 주세요

부정적 감정도 표현해야 합니다. 부정적 감정은 그 자체가 나쁜 것이 아닙니다. 감정 자체에는 윤리가 없습니다. "미워요." "슬퍼요." 하고 자녀가 말했을 때, "미워하는 것은 나쁘단다." "슬퍼하면 못 쓴다." 하고 말하는 것은 감정에 윤리를 가져다 대는 것입니다. 부정적 감정은 표출되지 못하면 몸과 마음에 불건강한 에너지로 남습니다. 이 불건강한 에너지는 신체적 증상 등으로 나타나기도 합니다.

하나님은 "분을 내어도 죄를 짓지 말며 해가 지도록 분을 품지 말고 마귀로 틈을 타지 못하게 하라."(에베소서 4:26-27)고 말씀하십니다. 즉 분을 내는 것 자체는 죄가 아니라는 것이지요. 단지 분을 건강하게 표현하고 처리하는 것이 중요한 것입니다. 자녀가 부정적인 감정도 건강하게 표현할 수 있도록 잘 경청해 주십시오. 부정적인 감정 표현은 다음과 같습니다.

- 미워요.
- 슬퍼요.
- 외로워요.

for parents

감정을 쏟는 기도

"…여호와여 내가 수척하였사오니 긍휼히 여기소서 여호와여 나의 뼈가 떨리오니 나를 고치소서 나의 영혼도 심히 떨리나이다 여호와여 어느 때까지니이까 … 내가 탄식함으로 곤핍하여 밤마다 눈물로 내 침상을 띄우며 내 요를 적시나이다 내 눈이 근심을 인하여 쇠하며 내 모든 대적을 인하여 어두웠나이다…"(시편 6편).

• 힘이 들어요.	• 무서워요.	• 겁이 납니다.
• 두렵습니다.	• 염려가 됩니다.	• 화가 나요.
• 싫어요.	• 긴장이 됩니다.	• 실망스러워요.
• 싫증이 납니다.	• 마음이 아파요.	• 못할 것만 같아요.

4. 감성지수(EQ)를 길러 주세요

자녀가 이야기할 때는 자기표현을 하도록 도와주십시오. 자기감정을 건강하게 잘 표현할 줄 아는 사람은 감성지수가 높습니다. 감성지수가 높은 사람은 자신의 감정뿐 아니라 다른 사람의 감정을 잘 이해하고 배려하기 때문에 남들과 성공적인 의사소통을 할 수 있습니다. 인간관계를 잘 세우고 가정생활과 사회생활을 잘 꾸려나갈 수 있습니다. 아이의 감성지수를 길러 주는 대화를 하십시오. 자녀에게 든든한 인생의 밑천이 마련될 것입니다.

1. 감성지수(EQ)가 높은 사람은

- 자신의 감정에 대해 이해하고 인식합니다.
- 타인의 감정에 대해서도 이해하고 인식합니다.
- 자신의 감정에 휩싸이지 않고 조절해 가는 능력이 있습니다.
- 타인의 감정을 공감해서 갈등을 해소하는 능력이 있습니다.
- 감정을 자원으로 삼아 인간관계를 잘 세워 나갈 수 있습니다.
- 지성과 감성의 균형이 잘 잡혀 있습니다.

2. 감성지수(EQ)가 낮은 사람은

- 자신과 타인의 감정을 이해, 인식하는 능력이 떨어집니다.
- 감정을 조절하지 못하여 격정에 휩싸입니다.
- 냉담하고 무관심한 사람이 됩니다.
- 무미건조한 삶으로 행복감도 느끼지 못합니다.
- 우울증이나 소화불량 등의 신체적 증상이 나타납니다.
- 감정을 자원화하지 못하여 성취의 동기가 떨어집니다.

3. 나는 경청하는 부모일까요

좋은 부모는 자녀의 이야기에 귀를 기울이고 경청합니다. 자녀는 성장하면서 나름대로 많은 어려움을 겪습니다. 때로는 분노와 두려움, 외로움과 열등감 등을 느끼기도 합니다.

그러한 감정을 누군가에게 털어놓으며 도움을 받아야 하는데, 그런 대상을 찾기가 어려운 것입니다. 만일 부모님이 그러한 마음을 비판 없이 들어 주기만 해도 자녀는 용기와 힘을 얻습니다. 나는 자녀의 이야기를 경청하고 있나요? 한번쯤 열린 마음으로 살펴보시기 바랍니다.

1. 건강한 듣기의 속성은 다음과 같습니다

■ 자신에게 해당되는 항목에 V 체크하세요.

□ 나는 자녀의 말을 집중해서 듣습니다.
□ 머릿속으로 다음 할 말을 생각하지 않습니다.
□ 충분히 자신을 표현하도록 인내심을 가지고 기다려 줍니다.
□ 중간에 끊거나 가로채지 않습니다.
□ 이해가 되지 않을 때는 다시 묻고, 확인합니다.
□ 자녀가 말할 때, 하던 일을 범추고 시선을 맞춥니다.
□ 자녀의 말에 적극적으로 반응하고 맞장구를 쳐 줍니다.
□ 표현이 부족해도 진정한 의도와 마음을 파악하려 애씁니다.
□ 유치한 말을 해도 웃지 않습니다.
□ 자녀는 마음이 답답할 때 나에게 털어놓습니다.

■ 체크한 항목은 몇 개인가요? (　　　　)
■ 점수는 몇 점인가요? (　　　　)

*총 100점 만점 중에서 체크한 항목 개수×10점이 점수입니다.

■ 특히 잘 못하는 항목은 어떤 것인가요? (　　　　)

for parents

리더의 3Ls 특징
Listen 듣기
Learn 배우기
Lead 이끌기

2 경청의 태도는 다음과 같습니다

- 자녀의 눈을 들여다봅니다.
- 진심으로 듣습니다.
- 고개를 끄덕여 줍니다.
- 서두르거나 재촉하지 않습니다.
- 판단이나 선입견을 가지지 않습니다.
- 다음 할 말을 미리 생각하지 않습니다.
- 내용을 반복해 주거나 다른 말로 바꾸어서 묻습니다.
- 다음과 같은 피드백의 표현을 사용합니다. 이를테면 "그렇구나!" "그랬어?" "정말?" "어머나." "저런." "으응." "세상에." "무지 속상했겠다." "정말 화났겠다."
- 자녀의 마음과 감정을 읽어 줍니다.
- 공감을 전달합니다.
- 비언어적 표현, 즉 몸으로 말하는 메시지도 읽어 줍니다.

3. 경청은 다음과 같은 과정으로 진행됩니다

경청 ⟷ 반응 ⟷ 확인과 정리 ⟷ 열린 질문

1. 경청
   - 사랑과 관심을 기울입니다.
   - 경청을 방해하는 요소들을 제거합니다. 이를테면 텔레비전, 일방적으로 말하기, 주의 산만, 딴소리, 다음 할 말 생각하기 등.
   - 인격을 존중하는 태도를 잃지 않습니다.

2. 반응
   - 반응(피드백)을 보여 줍니다.
   - 더 표현할 수 있도록 초청해 줍니다. 예를 들면 "좀 더 말해

주겠니?" "다시 한 번 설명해 주렴." "그래서 어떻게 되었다구?"

- 감정은 감정으로 받아 줍니다.
- 공감하고 전달합니다.
- 부정적 감정은 해소되도록 도와줍니다.
- 옳고 그름을 따지지 않습니다.

3. 확인과 정리

- 자녀가 하는 말을 잘 듣고 요약 정리해 주며 확인합니다.
- 때로는 완곡하고 세련된 언어로 정리해 줍니다.
- 이제 필요하면 도움과 정보와 가르침을 줍니다.

4. 열린 질문과 마무리

- 정답을 주지 않습니다.
- 상황을 스스로 극복하도록 합니다.
- 기다려 줍니다.
- 필요하면 "그래서 이제 어떻게 할 생각이니?" 하고 물어 줍니다.
- 자녀의 결정과 생각을 지지하고 격려해 줍니다.
- 필요하면 너불어 기도해 줍니다.

4. 공감을 전달하는 실전 대화

경청이란 자녀의 마음을 공감해 주는 태도라는 것을 잊지 마십시오. 다음 상황에서 자녀의 마음을 공감하는 대화를 시도해 보세요.

상황 1. 씩씩거리고 들어오면서 "이젠 인철이랑 안 놀 거야, 나쁜 놈, 못된 놈"이라고 말할 때

■ 보통 나는 어떻게 반응하나요? 빈 칸에 적어 보세요.

____

■ 그때 자녀의 마음은 어땠을까요?

____

잘못된 반응

엄마: "그런 말 하면 못 써. 친구하고 사이좋게 놀아야지. 가서 화해하고 와, 얼른!"

자녀 : '엄마는 내 편이 아니다. 친구를 욕하는 나는 나쁜 아이인가 보다. 화도 나고 죄책감도 생기고 혼란스럽다.'

바람직한 반응

엄마 : "아이구, 우리 아들이 화가 났구나. 인철이 하고 싸웠어? 저런. 화가 많이 났구나. 우리 귀한 아들을 인철이가 화나게 만들었구나. 도대체, 왜 그랬을까."

자녀 : '엄마는 내 편이다. 마음이 풀렸다. 슬쩍 다시 나가서 인철이 하고 놀까?'

상황 2. 그림 그리기 숙제를 하던 초등학교 1학년 딸이 "나는 그림 못 그리겠어, 못해, 안 할래, 난 바보인가 봐." 하고 말할 때

■ 보통 나는 어떻게 반응하나요? 빈 칸에 적어 보세요.

■ 그때 자녀의 마음은 어땠을까요?

잘못된 반응

엄마 : "그런 소리 하면 못 써. 해 보지도 않고 왜 그러니? 열심히 해 봐. 이 바보야."

자녀 : '그림이 너무 어렵다. 나는 정말 바보인 것 같다. 하고 싶지 않다.'

바람직한 반응

엄마 : "그림이 어려운가 보구나. 너무 잘 그리려고 하지 말고, 학교 점수에 신경 쓰지 말고, 편안하게 너를 표현해 보렴. 이렇게 사랑스러운 우리 딸이 바보일 리가 있나? 절대로 바보가 아니지."

자녀 : '내가 그림을 못 그려도 바보가 아니구나. 그래도 엄마 아빠는 나를 사랑하는구나. 다시 그려 봐야지.'

상황 3. 아이가 돌아와서 "나 이제 학교 안 갈래." 하고 말할 때

■ 보통 나는 어떻게 반응하나요? 빈 칸에 적어 보세요.

■ 그때 자녀의 마음은 어땠을까요?

잘못된 반응

엄마 : "그런 소리 하면 못 써. 학교를 안 간다니, 어떻게 학생이 그런 소리를 할 수 있니, 응? 아니 아빠가 열심히 돈 벌어서 공부시키는데, 너는 잔소리 말고 공부만 하면 되는 거야."

자녀 : '엄마 아빠는 내 마음을 전혀 이해하지 못한다. 내가 학교에서 얼마나 힘든지도 모른다. 정말 학교 가기 싫다. 나는 이제 어떻게 하나.'

바람직한 반응

엄마 : "학교 가기 싫은 모양이구나. 학교에서 화나는 일이라도 있었니? 뭐 어려운 일이 있으면 말해 보렴. 엄마(아빠)가 도와줄 일은 없니? 마음이 힘들었나 보구나."

자녀 : '엄마 아빠는 무슨 일이 있어도 내 편이다. 나를 이해하신다. 학교에서 어려웠던 일을 다 이야기해도 되겠구나.'

상황 4. 초등학교 2학년 아들이 "엄마 미워, 아빠 미워, 다 미워." 하고 말할 때

■ 보통 나는 어떻게 반응하나요? 빈 칸에 적어 보세요.

■ 그때 자녀의 마음은 어땠을까요?

잘못된 반응

엄마 : "그런 소리 하면 나쁜 거야. 누가 엄마 아빠한테 버릇없이 그런 말을 하니? 너 아주 못됐구나. 엄마 아빠를 사랑해야지. 응? 그래야 예수님도 너를 사랑하시지 않겠어?"

자녀 : '엄마 아빠는 정말 내 마음을 모른다. 아무도 나를 이해하는 사람이 없다. 그래, 나는 나쁜 사람이다. 그래서 어쩔래? 화가 난다. … 예수님도 나를 사랑하시지 않을 거야.'

바람직한 반응

엄마 : "우리 아들, 이리 한번 와 보렴. 뭐가 그렇게 화가 났을까. 우리가 네 마음을 몰라주었나 보구나. 미안하다. 이야기 좀 해 주겠니? 왜 그렇게 화가 났는지 한번 말해 보렴. 정말 한번 들어 보고 싶구나."

자녀 : '엄마 아빠는 나를 이해하려고 노력하시는구나. 내가 어떤 이야기를 해도 거부하시지 않겠구나. 내가 실수를 해도 사랑하시는구나. 엄마 아빠가 존경스럽다.'

상황 5. 자녀가 피아노 학원 가는 시간이면 "엄마, 또 배가 아파." 하고 말할 때

■ 보통 나는 어떻게 반응하나요? 빈 칸에 적어 보세요.

■ 그때 자녀의 마음은 어땠을까요?

잘못된 반응

엄마 : "배가 아프긴 뭘 아파. 너 피아노 학원 가기 싫어서 그렇지? 내가 다 안다. 잔소리 말고 빨리 갔다 와. 열심히 연습해야 해. 알았지?"

자녀 : '정말 배가 아픈데. 엄마는 아무것도 모르면서 너무 하신다. 정말 화가 난다. 피아노고 뭐고 정말 다 싫다. 어쩌면 좋을지 모르겠다.'

바람직한 반응

엄마 : "배가 아프다구? 자 어디 이리 와 보렴. 엄마가 배를 한번 만져 줄게. 아이구, 우리 딸이 배가 아프구나. 한번 말해 보렴. 피아노 학원 가는 게 마음에 부담되는 것은 아닐까? 아니면 선생님이 무서워서 그러니? 그것도 아니면, 왜 그럴까?"

자녀 : '엄마가 따스한 손으로 배를 만져 주니까 참 편하다. 엄마는 내 마음을 잘 이해하신다. 스트레스가 좀 풀리는 것 같다. 피아노 학원을 바꾸어 달라고 부탁드려 볼까?'

상황 6. 고등학교 2학년 딸이 학교에서 격한 목소리로 집에 전화해서 "혜영이가 친구들 앞에서 내가 잘나지도 않은 주제에 잘난 척한다고 그랬어." 하고 말하면서 엉엉 울 때

■ 보통 나는 어떻게 반응하나요? 빈 칸에 적어 보세요.

■ 그때 자녀의 마음은 어땠을까요?

잘못된 반응

엄마 : "다 큰 애가 뭘 그런 걸 가지고 울고 그러니? 엄마 아빠 바쁜데, 그까짓 것 가지고 전화하고 그럴래? 그런 것 하나도 스스로 해결 못해서 어쩔래? 네가 뭔가 잘난 척했겠지. 그러니까 평소에 겸손하라고 그랬지? 요즘 네가 기도 생활을 안 하니까 그런 일이 생기는 거야."

자녀 : '앞으로 무슨 일이 있어도 절대 엄마 아빠한테 전화하지 말아야겠다. 내 마음을 몰라도 너무 모른다. 내 편도 안 들어 주고. 엄마 아빠는 날마다 기도하나 뭐? 정말 싫다.'

바람직한 반응

엄마 : "세상에, 그랬구나. 혜영이가 그랬어? 정말? 아주 못됐구나. 너 정말 화났겠다. 그렇지? 듣기만 해도 이렇게 화가 나는데, 우리 딸은 얼마나 속상했을까? 혜영이한테 가서 너도 하고 싶었던 말 실컷 하렴."

자녀 : '엄마 아빠는 정말 내 편이다. 내 마음을 정말 알아주신다. 엄마 아빠 하고 이야기하고 나니 마음이 좀 풀린다. 생각해 보니, 나도 잘못한 게 있을 것 같다. 내가 해결할 수 있을 것도 같다. 내가 먼저 혜영이한테 화해하자고 해야지.'

상황 7. 최근 경험한 자녀의 상황을 적어 보세요.

■ 나는 어떻게 반응했나요? 빈 칸에 적어 보세요.

■ 그때 자녀의 마음은 어땠을까요?

■ 바람직한 반응은 무엇일까요?

5. 경청을 잘해 주면 다음과 같은 유익이 있습니다

- 자녀가 더 많은 이야기를 하려고 합니다.
- 자녀의 마음과 감정이 순해집니다.
- 그래서 성품이 순해집니다.
- 신뢰감이 증진됩니다.
- 자녀가 성장하고 발전합니다.
- 자녀가 용기를 얻습니다.
- 자녀의 상처가 치유됩니다.
- 자녀가 부모를 존경합니다.
- 자녀 스스로 문제 해결 능력이 생깁니다.
- 부모도 자녀를 통해 많은 것을 새롭게 배웁니다.

기·도·제·목

이번 만남을 통해 하나님께 올려 드려야 할 기도 제목을 적습니다.

나·눔·과·토·론

1. 내가 부모님과 대화할 때 답답한 점은 없었나요?

2. 나의 경청 점수는 몇 점이었나요? 그동안 왜 나는 자녀의 이야기를 경청하지 못했을까요?

3. 내 자녀가 요즈음 통 말이 없다면, 혹시 그 원인이 무엇일까요? 한번 생각해 보세요.

4. 내 자녀가 요즈음 툭하면 화를 버럭 내는데, 혹시 그 원인이 무엇일까요? 자녀의 감정을 한번 헤아려 보세요.

5. 내 자녀는 마음이 답답한 일이 있을 때, 엄마에게 와서 털어놓는 편인가요, 아니면 아빠에게 와서 털어놓는 편인가요? 그 원인이 무엇일까요?

6. 어떻게 하면 자녀가 내게 자신의 이야기를 털어놓을 수 있을까요? 그러기 위해서 나는 어떤 노력을 해야 할까요?

상·담·코·너

Q 아들이 7살 때 이혼한 엄마입니다. 요즘 중학생이 된 아들이 점점 우울해하고, 말도 안 하고, 짜증을 자주 냅니다. 화도 나고 불안하고 염려가 되어 어찌할 바를 모르겠습니다.

A 이혼한 부모는 자신들의 문제와 고통이 너무 크기 때문에 자녀에게 미쳐 신경을 쓰지 못하는 경우가 많습니다. 사랑하는 아빠와 엄마가 갈라서는 동안 어린 자녀가 얼마나 많은 혼돈과 두려움의 감정 파고를 겪는지 모르는 것 같습니다. 때로 자녀는 '내가 엄마 아빠 말을 더 잘 들었다면 이런 일이 안 생겼을 텐데….' 하는 잘못된 죄책감까지 느낍니다. 마치 부모의 이혼이 자신의 잘못인 것처럼 받아들이는 것이지요.

어린 자녀는 그러한 마음의 상처를 누구에겐가 털어놓고 표현할 기회조차 없었을 것입니다. 더욱이 성장하면서 아빠 존재의 결핍으로 인한 정체성의 혼돈, 그리움, 분노 같은 뒤섞인 감정을 표현할 길이 없었기에, 그것이 자녀에게는 우울과 짜증으로 나타날 수가 있는 것입니다. 그렇지 않아도 힘든 사춘기에 자녀가 겪고 있는 감정들을 헤아려 보십시오. 그리고 솔직한 대화를 시도하셔야 합니다. 그동안 회피해 왔던 아빠 이야기를 나누어야 합니다. 아빠를 나쁘게 말하는 것은 자녀에게 더 해롭습니다. "엄마는 너한테 참 미안하다. 어린 너한테는 엄마뿐 아니라 아빠의 존재가 꼭 필요했을 텐데, 정말 미안하다. 그동안 많이 힘들었지?" 하는 말로 대화를 시작해 보십시오.

그리고 아들의 이야기를 들으십시오. 마음을 헤아리며 경청하고 공감해 주십시오. 그리고 아빠가 너를 얼마나 사랑했는가를 말해 주십시오.

가장 중요한 것은 엄마의 태도입니다. 엄마가 우울한 삶을 산다면 아들도 우울할 것입니다. 엄마가 불행하면 아들도 불행합니다. 그러나 엄마가 어려움 속에서도 감사하며 기뻐하는 삶을 사신다면, 아들도 어려움을 극복하고 기쁨을 회복할 수 있을 것입니다.

아무쪼록 고난이 변하여 유익이 되는 축복을 누리시기 바랍니다.

열한 번째

생명의 말하기

만남

introduction

생명의 말을 사용하십시오

말 한마디를 얼마나 적절하게 사용하느냐에 따라서 자녀를 살릴 수도 있고 자녀의 영혼을 죽일 수도 있습니다. "혀도 작은 지체로되 큰 것을 자랑하도다 보라 어떻게 작은 불이 어떻게 많은 나무를 태우는가"(야고보서 3:5). 혀가 생의 바퀴를 불사를 수도 있다는 것입니다.

부모로서 자신이 사용하는 말을 한번 살펴보십시오. 그동안 나는 자녀를 살리는 말을 사용해 왔는지, 아니면 자녀의 용기를 꺾으며 죽이는 말을 사용해 왔는지요. 축복의 말을 사용해 왔는지, 아니면 자신도 모르게 저주의 말을 사용해 왔는지를 한번 생각해 보십시오. 경건한 삶은 말과 혀에 달려 있습니다.

"누구든지 스스로 경건하다 생각하며 자기 혀를 재갈 물리지 아니하고 자기 마음을 속이면 이 사람의 경건은 헛것이라"(야고보서 1:26)는 말씀을 묵상해 보십시오. 믿음을 가진 부모라고 하면서 혀를 함부로 사용한다면 그 경건은 헛된 것입니다.

말하기를 훈련해야 합니다. 말에 있어서도 하나님의 지혜와 능력을 구해야 합니다. 부모로서 어찌하든지 자녀를 살리는 말을 사용해야 할 것입니다. 우리 부모의 입술에도 성령 충만한 역사가 있기를 기원합니다.

1. 나의 말하기는 건강할까요

건강한 말하기의 속성은 다음과 같습니다.

■ 자신에게 해당되는 항목에 V 체크하세요.

□ 나는 말을 조리 있게 잘하는 편입니다.
□ 내가 말하면 자녀가 잘 이해하는 편입니다.
□ 나는 언어를 풍부하게 사용하며 말합니다.
□ 나는 감정 표현도 풍부합니다.
□ 나는 일방적으로 말하지 않는 편입니다.
□ 내가 무엇을 바라는지를 자녀에게 정확하게 말하기 위해 노력합니다.
□ 나는 대화 중에 화를 잘 내지 않습니다.
□ 나는 마음속에 담아 놓은 앙금과 불만과 답답함이 많지 않습니다.
□ 나는 말할 때 과장하거나 확대하지 않습니다.
□ 나는 마음과 말이 일치하는 편입니다.

■ 체크한 항목은 몇 개인가요? (　　　　)

■ 점수는 몇 점인가요? (　　　　)

*총 100점 만점 중에서 체크한 항목 개수×10점이 점수입니다.

■ 특히 잘 못하는 항목은 어떤 것인가요? (　　　　)

2. 건강하지 않은 대화 유형

❶ 잔소리꾼	비난, 지적, 명령, 일방적, 설교, 교훈, 충고
❷ 끙끙 참는 형	침묵, 협박성, 은근한 비난, 마음속에 쌓아 둠
❸ 절절매는 형	부모의 권위 부재, 비위 맞춤, 눈치 보기
❹ 산만형	바쁨, 무관심, 집중 못함, 듣지 않음
❺ 냉담형	냉정함, 공감 부재, 감정 표현 불능, 마음 몰라주기
❻ 이중 구속	2가지 이상의 상반된 메시지

1. 잔소리꾼

입을 열기만 하면 잔소리와 훈계와 설교를 하는 유형입니다. "이래라 저래라." "그러면 안 된다." "이래야만 된다."고 일방적으로 지시하고 교훈하는 유형입니다. 자녀가 밥을 먹으려고 하면 뒤에서 "밥 먹어라." 말하고, 자녀가 손을 씻으려고 하면 뒤에서 "손 씻어라."고 말하는 부모입니다. 자녀의 고쳐야 할 점을 끊임없이 지적하고 비난하는 태도입니다. 때로는 성경 말씀을 인용하여 "예수님이 동생을 사랑하라고 하셨다."고 설교까지 합니다.

부모가 착각하고 있는 것 중에 하나는 지적과 충고로 자녀의 행동이 변화하리라는 생각입니다. 사람은 비난과 지적과 충고로는 변화하지 않습니다. 놀라운 것은 비난과 지적보다는 경청과 수용과 격려를 받을 때 오히려 변화하고 성장한다는 것입니다. 내가 잔소리가 많은 부모라고 생각되면 잔소리를 멈춰 보십시오. 두 번 잔소리를 한 번으로, 세 번 잔소리를 한 번으로 줄이십시오. 잔소리 습관을 고치고 비난과 충고를 멈추십시오. 그럴 때 자녀는 스스로 많은 성숙을 경험할 것입니다.

2. 끙끙 참는 형

자녀에게 하고 싶은 말도 하지 못하고 속으로 삭이면서 끙끙 참는 유형입니다. '나 하나 참으면 이 집 구석이 편하지.' 하고 생각하면서 할 말을 안 하는 것입니다. "나는 아무거나 먹어도 좋다." "나 같은 사람이 뭐 의견이란 것이 있겠니?" 하면서 자신을 비하하기도 합니다. 이렇게 자신을 표현하지 못한 채, 오랜 세월이 흐르면 우울증을 앓거나 아니면 언젠가 "내가 이날 이때까지 참았지만 더 이상은 못 참겠다." 하고 폭발하기도 합니다. 이렇게 끙끙 참는 부모는 말은 안 해도 얼굴 표정과 온몸으로 불만족스러운 메시지를 보내기도 합니다. 왜냐하면 사실상 속으로는 은근히 비난의 마음을 가지고 있기 때문입니다.

3. 절절매는 형

부모로서 마땅히 가져야 할 권위를 행사하지 못하면서 자녀에게 절절매는 유형입니다. 자녀의 눈치를 보거나 비위를 맞추면서 해야 할 말도 하지 못합니다. 자녀의 반항이 두렵기도 해서 부모의 의견을 분명히 말하지 못합니다. 자녀를 지나치게 높이 평가하면서 부모로서의 자기 자신은 자신감과 가치감이 낮습니다. 그래서 자신은 아무것도 아니라고 생각하기도 하면서 "그래, 그래." "너의 말이 항상 옳다." 하고 말하는 태도입니다. 절절매는 형은 부모 자신뿐 아니라 자녀에게도 해롭다는 것을 명심하십시오. 유식하든 무식하든 부모는 자녀 앞에서 권위를 유지해야 합니다. 하나님이 주신 부모로서의 권위를 회복하시기 바랍니다.

4. 산만형

이야기가 산만해서 무슨 소리인지 도무지 알 수 없는 유형입니다. 하나의 주제를 말하다가 다른 주제로 갑자기 건너뛰기도 합니다. 스스로도 무슨 이야기를 하는지 모릅니다. 쉬지 않고 말하지만 이야기가 다 끝난 다음에도 무슨 말을 했는지 잡히지가 않습니다. 물론 자녀의 이야기에도 집중하거나 경청하지 못합니다. 자녀가 열심히 말하고 있는데 "너 오늘 점심 뭐 먹었니?" 하고 묻기도 합니다. 이러한 유형은 정신적으로 매우 불건강합니다. 자녀에게 말하고자 하는 내용을 차분히 정리한 다음, 하나의 분명한 메시지를 찾아서 정확하게 전달하는 훈련이 필요합니다.

5. 냉담형

감정의 교감이 느껴지지 않는 대화 유형입니다. 주로 이론적이고 분석적이고 사변적으로 자녀에게 말합니다. 아주 논리가 정연하여 빈틈이 없어 보입니다. 때로는 눈물과 슬픔조차도 "왜 슬프냐 하면…." 하고 분석해 줍니다. 물론 자녀의 마음을 전혀 공감해 주지 못합니다. 자녀에게 "사랑한다."는 말을 하지 않습니다. 어린 자녀가 부모에게서 사랑받고 싶어서 다가가도 사랑이 느껴지지 않습니다. 따스함이나 친밀감도 느껴지지 않습니다. 오히려 냉정함만이 전달되어 올 뿐입니다. 이런 유형의 부모 밑에서 자라나면 나중에 자녀 스스로도 냉담형이 되거나, 자신의 감정을 인식하지 못하는 상처 많은 사람이 됩니다.

6. 이중 구속

이중 구속은 정신 병리적 대화를 연구하던 베이트슨이라는 학자가 소개한 개념으로 서로 상반된 두 개 이상의 메시지를 동시에 주는 대화 유형을 말합니다. 이를테면 "엄마를 사랑하지 않니? 사랑한다면 이리 와 보렴." 하고 말했다가, 자녀가 다가오면 "너는 엄마 옷이 다 구겨지는 것도 모르니. 저리 가라." 하고 말했다가, "너는 엄마를 사랑하지 않는가 보구나." 하고 말합니다.

이러한 상반된 메시지는 자녀가 어느 것에도 순종할 수 없도록 궁지로 몰아넣습니다. 엄마가 "저거 먹어." 해서 자녀가 먹으면 엄마는 "소리내지 마." 하고 말합니다. 소리를 내지 않고는 먹을 수 없어서 자녀가 먹지 않으면 엄마는 "왜 안 먹니?" 하고 말합니다. 그래서 자녀가 또다시 먹으려 하면 "흘리지 마라."고 말합니다. 자녀는 혼돈의 희생자가 되고 마는 것입니다.

for parents

일치의 말

"오직 너희 말은 옳다 옳다, 아니라 아니라 하라 이에서 지나는 것은 악으로 좇아 나느니라"(마태복음 5:37).

3. 생명나무의 말과 선악과의 말

1. 생명나무의 말

- 자신의 생각이나 의견을 정확하게 표현합니다.
- 빙빙 돌려 말하거나 모호한 메시지가 없습니다.
- 침묵을 대화의 수단으로 사용하지 않습니다.
- 마음과 말이 일치합니다.
- 정직합니다.
- 솔직합니다.
- 진실합니다.
- 복잡하지 않습니다.
- 위협적이지 않습니다.
- 강요나 조종이 없습니다.
- 나의 인격과 자녀의 인격을 존중합니다.
- 중간 중간에 생각하는 여유와 쉼의 공간이 있습니다.
- 따스함이 전달됩니다.
- 건강한 유머와 웃음이 있습니다.

2. 선악과의 말

우리는 쉽게 상대방을 비난하곤 합니다. 공개적으로 비난하든지 아니면 은근히 비난하든지 간에 자녀의 잘못을 지적하고 비난하는 것은 매우 쉬운 일입니다. 왜 우리 부모는 자녀의 잘한 것을 칭찬하기보다는 못한 것을 찾아서 지적하는 데 훨씬 익숙한 것일까요? 왜 자녀의 미진한 부분은 부모의 눈에 재빨리 들어오는 것일까요?

그것은 우리의 조상 아담이 하나님의 명령을 어기고, 선악과를 따먹은 이후부터가 아닌가 싶습니다. 선악과를 따먹은 인류가 옳고 그름을 따지기 시작하면서, 불완전한 잣대로 "나는 옳고 너는 그르다."는 시각을 갖게 된 것이지요. 하나님만이 하실 수 있는 선악을 구분하는 일을 시작한 겁니다. 인류는 지금도 끊임없이 상대방의 잘못을 비난하고 정죄하는 일을 쉬지 않고 있습니다. 그러한 선악과의 법은 결국 우리 모두를 죽이는 결과를 가져오고 말았습니다. 그러나 예수님은 우리를 정죄하는 대신 십자가의 사랑으로 용서하시며 죄와 사망에서 해방하셨습니다. "그러므로 이제 그리스도 예수 안에 있는 자에게는 결코 정죄함이 없나니 이는 그리스도 예수 안에 있는 생명의 성령의 법이 죄와 사망의 법에서 너를 해방하였음이라"(로마서 8: 1-2).

선악과의 말을 하지 마십시오. 자녀를 비난하지 마십시오. 잘못을 지적하지 마십시오. 비난의 영을 심어 주지 마십시오. 비난받고 자란 아이는 자신과 타인 모두를 비난하는 자녀로 성장합니다. 비난이나 지적은 올바른 훈계가 아닙니다.

이미 잘하고 있는 것을 찾아 마음껏 칭찬하고 격려해 주십시오. 그것이 자녀를 살리는 생명나무의 말하기입니다. 하나님이 우리의 죄를 정죄하지 않으시고 우리를 용납하고 살리신 것처럼, 자녀를 생명나무의 대화로 변화시키는 부모가 되시기를 바랍니다.

생명나무의 말	선악과의 말
선악을 따지지 않음	옳고 그름을 따짐
비난 대신 용납	비난하고 지적함
죄책감을 치유	죄책감을 줌
서로 약함을 드러냄	서로 방어함
정죄함이 없다	정죄를 주고받음
두려움을 내어쫓음	두려움과 형벌
회복과 성장	상처와 쓴 뿌리

4. '나 전달법' 으로 말하기

비난하지 않고 나를 전달하는 '나 전달법' 이라는 것이 있습니다. '나 전달법' (I-message)이란 '너 전달법' (You-message)과 반대되는 것입니다. 자녀를 비난하거나 야단치지 않으면서 부모의 감정과 생각을 효과적으로 전달하는 방법입니다. 나 전달법에는 1.직면적 나 전달법, 2.긍정적 나 전달법, 3.예방적 나 전달법 이렇게 세 가지가 있습니다.

1. 직면적 '나 전달법'

직면적 나 전달법은 자녀의 행동으로 부모의 마음이 불편해졌을 때 자녀를 비난하거나 야단치지 않으면서 문제에 직면하는 방법입니다. 자녀의 행동 결과가 부모의 입장과 감정에 어떤 영향을 끼쳤는지를 진솔하게 전달하는 표현 방법입니다. 자녀의 인격을 존중하면서 부모의 마음을 전달하는 것입니다. 물론 자녀의 마음을 공감해 주는 것을 포함하면 더 효과적입니다. 그 결과 자녀 스스로 자신의 행동을 바꿀 수 있도록 하는 대화법입니다. 반대로 너 전달법은 "네가 문제다." 하는 비난입니다. 비난받으면 자녀는 행동의 변화 대신 반감과 변명이라는 반응만을 보입니다.

상황 1. 늘 꿈지럭거리는 자녀에게

■ 보통 나는 어떻게 말하나요? 빈 칸에 적어 봅시다.

____

■ 그때 자녀의 마음은 어땠을까요?

____

너 전달법: "너는 왜 그 모양이니? 맨 날 꾸물거리고 있으니, 내가 답답해 죽겠다."

자녀 마음: '부모님이 날 무능하다고 생각하고 비난하시는구나.'

나 전달법: "다른 할 일이 많을 텐데 숙제가 늦어져서 걱정이 되는구나."

자녀 마음: '할 일이 늦어져서 나를 위해 걱정하시는구나. 서둘러 봐야지.'

상황 2. 지갑을 잃어버린 자녀에게

■ 보통 나는 어떻게 말하나요? 빈 칸에 적어 봅시다.

■ 그때 자녀의 마음은 어땠을까요?

너 전달법: "너는 매사에 왜 그 모양이니? 한두 번이 아니지 않니? 어쩔래, 응?"

자녀 마음: '또 잔소리구나. 화가 난다. 치사하다. 나는 정말 구제불능이다.'

나 전달법: "아이구 어쩌나. 어디서 잃었을까. 너 마음이 속상했겠구나. 엄마 아빠도 속이 상하네. 그렇지만 그럴 수도 있지 뭐."

자녀 마음: '지갑이나 돈보다 나를 더 염려하시는구나. 좀 더 조심해야겠다.'

상황 3. 연락 없이 집에 늦게 돌아온 자녀에게

■ 보통 나는 어떻게 말하나요? 빈 칸에 적어 봅시다.

■ 그때 자녀의 마음은 어땠을까요?

너 전달법: "너 지금 몇 시니? 전화는 뒀다가 뭐 할래? 너 혼 좀 나야겠다."

자녀 마음: '엄마 아빠는 나를 또 믿지 않으신다. 내 사정은 들어 보지도 않고 잔소리만 하시는구나. 화가 난다. 말도 하고 싶지 않다.'

나 전달법: "네가 연락 없이 늦어서 엄마 아빠가 몹시 염려가 되었단다. 혹시 사고나 당한 것이 아닌가 해서. 다음부터는 전화를 해 줄 수 있겠니?"

자녀 마음: '나의 안전을 염려하시는구나. 미안하다. 다음부터는 잊지 말고 미리 연락드려야겠다.'

상황 4. 최근 경험한 자녀의 상황을 적어 보세요.

■ 나는 어떻게 반응했나요? 빈 칸에 적어 보세요.

■ 그때 자녀의 마음은 어땠을까요?

■ 바람직한 반응은 무엇일까요?

2. 긍정적 '나 전달법'

긍정적 나 전달법은 자녀에게 칭찬과 감사 같은 부모의 감정을 전달함으로 자녀가 스스로 행동 변화를 일으키도록 하는 표현법입니다. 구체적인 상황과 부모의 긍정적 감정을 함께 전달하는 것입니다. 칭찬은 구체적일수록 효과적이기 때문입니다.

상황 1. 자녀가 설거지를 도와주었을 때

■ 보통 나는 어떻게 말하나요? 빈 칸에 적어 봅시다.

■ 그때 자녀의 마음은 어땠을까요?

나 전달법: "네가 오늘 엄마 설거지를 도와주니까 엄마가 일을 빨리 끝낼 수 있어서 너무 기분이 좋다. 고마워."

자녀의 마음 : '앞으로 더 엄마를 도와드려야지.'

상황 2. 자녀가 학교에서 일찍 집에 돌아왔을 때

■ 보통 나는 어떻게 말하나요? 빈 칸에 적어 봅시다.

■ 그때 자녀의 마음은 어땠을까요?

나 전달법: "우리 아들이 학교에서 일찍 돌아와 집에 있으니까 엄마의 마음이 기쁘고 뿌듯하구나."

자녀 마음: '내 존재가 엄마를 행복하게 하는구나. 앞으로 더 일찍 들어와야지.'

상황 3. 자녀가 숙제하고 있을 때

■ 보통 나는 어떻게 말하나요? 빈 칸에 적어 봅시다.

■ 그때 자녀의 마음은 어땠을까요?

나 전달법: "네가 학교에서 놀아와서 숙제를 넌서 하니까 네가 일찍 잘 수 있을 것 같아서 아빠 마음은 네가 기특하고 고맙고 안심이 되고 흐뭇하단다."

자녀 마음: '나를 진짜 염려하고 사랑하시는구나. 신난다. 앞으로도 숙제를 먼저 해야지. 다른 것도 미리 알아서 하면 아빠가 정말 좋아하시겠구나.'

상황 4. 최근 경험한 자녀의 상황을 적어 보세요.

■ 나는 어떻게 반응했나요? 빈 칸에 적어 보세요.

■ 그때 자녀의 마음은 어땠을까요?

■ 바람직한 반응은 무엇일까요?

3. 예방적 '나 전달법'

예방적 나 전달법이란 자녀의 바람직하지 않은 행동이 발생하기에 앞서, 예방적인 차원에서 미리 주의를 주는 방법입니다. 역시 구체적인 상황과 함께 부모의 마음을 전달하는 표현입니다. 훈계의 효과도 있습니다.

상황 1. 숙제를 미루는 아이에게

■ 보통 나는 어떻게 말하나요? 빈 칸에 적어 봅시다.

■ 그때 자녀의 마음은 어땠을까요?

나 전달법: "오늘 집에 손님이 오실 텐데 네가 숙제를 미처 못 해서, 잠을 늦게 자게 되면 어쩌나 염려가 되는구나."

자녀 마음: '아빠가 나의 건강을 염려하시는구나. 염려 마세요. 손님 오시기 전에 숙제부터 할게요.'

상황 2. 마트에서 뭘 사 달라고 자꾸 떼쓰는 아이에게

■ 보통 나는 어떻게 말하나요? 빈 칸에 적어 봅시다.

■ 그때 자녀의 마음은 어땠을까요?

나 전달법: "엄마가 너랑 슈퍼마켓에 가고 싶은데, 네가 또 아이스크림을 먹겠다고 떼를 쓰면 어쩌나 걱정이 된다. 아이스크림은 네 건강에 좋지 않아서…."

자녀 마음: '나도 엄마와 함께 슈퍼마켓에 가고 싶은데, 떼쓰지 않겠다고 약속해야지. 엄마도 나와 함께 가는 것을 좋아하시는구나. 그리고 내 건강을 염려하시는구나.'

상황 3. 이성 교제하는 자녀에게

■ 보통 나는 어떻게 말하나요? 빈 칸에 적어 봅시다.

■ 그때 자녀의 마음은 어땠을까요?

나 전달법: "네가 여자 친구와 친하게 지내는 것을 보니 아빠는 한편으론 흐뭇하지만, 한편으론 염려가 된단다. 혹시 우리 귀한 아들이 너무 마음을 주었다가 행여 상처를 받지나 않을까 해서."

자녀 마음: '아빠는 내가 여자 친구 사귀는 걸 염려하시는구나.
허긴 그럴 수도 있겠다. 잘 생각하며 사귀어야겠다.'

상황 4. 최근 경험한 자녀의 상황을 적어 보세요.

■ 나는 어떻게 반응했나요? 빈 칸에 적어 보세요.

■ 그때 자녀의 마음은 어땠을까요?

■ 바람직한 반응은 무엇일까요?

5. 자녀의 마음이 격할 때, 부모의 마음이 격할 때

자녀의 마음이 격할 때는 경청해 줍니다. 같이 격한 감정을 보이는 것은 문제 해결에 전혀 도움이 되지 않습니다. 일단 자녀의 이야기를 경청해 줍니다. 고개를 끄덕이며 반응해 주면서 자녀의 감정을 읽어 줍니다. 이를테면 "네가 몹시 화가 났구나." "정말 화났겠다." 하고 반응해 주면 자녀 감정은 점점 순화되면서 가라앉습니다.

부모의 감정이 격할 때는 감정적으로 즉각 반응하지 않습니다. 일단 한 걸음 물러서서 숨을 돌리며 마음을 가라앉힙니다. 그런 다음 차근차근 부모의 감정을 전달합니다. 비난이나 과장은 금물입니다. 자녀의 행동에 대한 부모의 감정과 입장을 나 전달법을 사용해서 전달합니다. 건설적 제안이나 대안을 함께 줄 수도 있습니다.

1. 자녀의 감정이 격할 때

상황. 자신이 아끼던 가수의 CD를 부모가 말없이 가져다 버린 걸 알고 격한 말로 따지고 들 때

■ 보통 나는 어떻게 말하나요? 빈 칸에 적어 봅시다.

____

■ 그때 자녀의 마음은 어땠을까요?

____

너 전달법: "어디서 대들어. 그럼 학생이 공부 안하고 맨날 음악만 듣는 게 잘했다는 거야. 어디서 함부로 굴어!"

자녀 마음 : '정말 대화가 안 통한다. 말을 말자.'

나 전달법: "화가 많이 났구나. 그랬구나. 나라도 화가 났겠다. 미안하다. 그런데 엄마 이야기도 좀 들어 주렴."

자녀 마음: '대화가 되긴 한다. 하긴 무슨 까닭이 있으셨겠지. 이야기나 들어 보자.'

2. 부모의 감정이 격할 때

상황. 자녀의 핸드폰 요금이 십만 원이 넘게 나왔을 때

- 보통 나는 어떻게 말하나요? 빈 칸에 적어 봅시다.

- 그때 자녀의 마음은 어땠을까요?

너 전달법: "야 너 미쳤어! 정신 나갔어! 공부 안하고 쓸데없이 핸드폰으로 전화질만 하는 거야? 요금이 얼마나 나왔는지 알아?"

자녀 마음: '와 열받는다. 내가 좀 많이 쓰긴 했지만 엄마가 저렇게 말하니까 정말 화나고 미치겠다.'

나 전달법: "엄마가 핸드폰 요금 청구서를 보고 너무 놀라서 당황스러워. 십만 원이 넘게 나왔는데 어떡하지? 엄마는 핸드폰 요금이 계속 이렇게 나올까 봐 걱정이야."

자녀 마음: '진짜 많이 나왔구나. 어떻게 해야 요금을 줄일 수 있을지 방법을 찾아봐야겠다. 조심해야겠다.'

3. 최근 경험한 자녀의 상황을 적어 보세요

상황.

■ 나는 어떻게 반응했나요? 빈 칸에 적어 보세요.

■ 그때 자녀의 마음은 어땠을까요?

■ 바람직한 반응은 무엇일까요?

6. 축복의 말, 생명의 말

말에는 생명력이 있습니다. 특히 부모의 말에는 권세가 있습니다. 자녀를 축복하십시오. 축복의 말을 하면 또 다른 축복의 조건이 생깁니다. 감사의 말을 사용하십시오. 감사할수록 감사할 일들이 생겨납니다. 자녀에게 축복의 말, 감사의 말, 생명의 말을 전달하십시오.

"너는 잘될 거야."

"너만 보면 행복하다. 하나님도 너를 얼마나 기뻐하시겠니?"

이렇게 축복하십시오. 그러면 자녀는 다음과 같이 믿습니다.

'나는 잘될 거야."

"나는 하나님과 사람에게 행복과 기쁨을 주는 사람이구나."

그런 믿음들이 쌓여서 자녀의 건강한 자아상을 형성합니다. 자녀를 축복의 미래로 이끌어 갑니다. "생명을 사랑하고 좋은 날 보기를 원하는 자는 혀를 금하여 악한 말을 그치며 그 입술로 궤휼을 말하지 말고 악에서 떠나 선을 행하고 화평을 구하여 이를 좇으라"(베드로전서 3:10-11). 생명나무의 말로 자녀를 살리는 부모가 되시기를 축원합니다.

7. 대화 후에 자녀가 이렇게 느꼈다면 일단 성공입니다.

- 엄마 아빠는 나를 이해하신다.
- 어떤 일이 있어도 나를 사랑하신다.
- 엄마 아빠는 나를 믿으신다.
- 엄마 아빠가 존경스럽다.
- 내가 존중받고 있다는 느낌이 든다.
- 엄마 아빠와 이야기하면 속이 풀린다.
- 그래서 용기를 얻었다.

나·눔·과·토·론

1. 나는 부모로서 어떤 대화 유형인지 나누어 보세요.

2. 요즈음 내 자녀가 가지고 있는 고민과 어려움을 알고 계시나요? 그것들이 무엇일까요?

3. 어린 시절에 나의 부모로부터 들었던 감동적인 말, 힘이 되었던 말들을 나누어 보세요.

4. 반대로 마음에 상처로 남았던 말들은 무엇이었나요?

5. 최근에 자녀와의 대화에서 성공적인 결과를 가졌던 예화가 있으면 나누어 보세요.

6. 자녀와 좋은 대화를 나누기 위해서 어떤 노력을 기울여야 할까요?

기·도·제·목

이번 만남을 통해 하나님께 올려 드려야 할 기도 제목을 적습니다.

상·담·코·너

Q 고등학교 2학년 딸을 둔 엄마입니다. 어려서부터 유달리 엄마 말을 잘 듣고 착한 아이였습니다. 그런데 요즘 자기가 살이 쪘다면서 밥을 거의 먹지 않아서 염려가 됩니다.

A 부모는 자녀가 아직 어릴 때 외모에 대한 바른 가치관을 심어 주어야 합니다. 이를테면 함께 텔레비전을 보는 동안에 배우나 연예인들을 바라보면서, 겉모양보다는 내면의 아름다움이 진정한 매력이라는 것을 거듭 말해 주어야 합니다. 또한 어릴 때부터 "우리 딸 진짜 예쁘다." "귀하다." "사랑스럽다." 하고 자주 표현해 주어서 자신의 외모에 대한 자신감을 갖게 해 주어야 합니다.

요즘 세상은 비정상적으로 얼굴이 작고, 몸이 휘어지도록 마른 것이 마치 미인의 상징인 것처럼 그릇된 메시지를 자녀들에게 전달하고 있습니다. 결코 현실에 존재하지 않는 성형미인을 기준으로 제시하고 있는 것입니다. 그러한 잘못된 허상이 십대 자녀들에게 주는 해악은 이루 말할 수 없습니다.

요즘 들어 20세 전후에 섭식 장애를 겪는 소녀가 늘어나고 있습니다. 그 중에 거식증은 자신이 살이 쪘다는 지나친 강박관념으로 음식을 거부하는 증상입니다. 그런데 주지할 것은 마음이 여리고 착한 자녀에게 많이 발생한다는 것입니다. 부모가 자녀의 삶에 지나치게 간섭하는 경우 십대 자녀는 음식으로 자신을 통제하려고 한다는 것입니다.

따라서 그러한 증상을 예방하려면 우선 지시나 요구, 통제와 간섭을 자제해야 합니다. 또한 "살을 빼라." "뚱뚱해서 큰일이다." "밥 좀 그만 먹어라."와 같은 말을 금해야 합니다. 무엇을 먹고 마시는 일에도 간섭하지 말고 자율성과 독립심을 권장해야 합니다. 그러고는 "네 나이에는 살이 좀 쪄도, 나이 들면 빠진다." "꼭 말라야 미인인 줄 아니? 건강한 것이 미인이란다." "우리 딸, 엄마 아빠가 보기에 예쁘고 아름답기만 한데." "내면의 성숙함이 미인을 만든단다." "두고 봐라. 지금도 예쁘지만 앞으로 더 미인이 될 거다." "자신감을 가지렴." 하는 표현을 지속적으로 전달해야 합니다.

아무 염려 마시고 따님이 진정한 아름다움을 지닌 숙녀로 성장할 수 있도록 끊임없는 사랑과 격려를 하시기 바랍니다.

6

어떻게 떠나보낼까

예수님께서 제자들을 끝까지 사랑하시며 본을 보이시며 훈련하신 다음, 때가 되었음을 아시고 "내가 떠나가는 것이 너희에게 유익이라"(요한복음 16: 7)고 말씀하시면서 성령님이 오실 것을 미리 알려 주셨습니다. 이처럼 우리 부모들도 자녀들을 떠나보내야 합니다. 자녀가 부모 곁을 떠나 홀로서기가 이루어질 때, 성령님을 일대일로 만날 것이기 때문입니다. 이제는 부모의 도움으로 사는 것이 아니라 성령님의 도움으로 살아갈 수 있도록 우리는 자녀를 독립시켜야 하는 것입니다.

떠나보내기

열두 번째

떠나보내기

강의

introduction

자녀를 잘 떠나보내는 것이 부모 역할의 마지막 과제입니다

자녀가 유아일 때 엄마는 잠 한번 실컷 자 보는 것이 소원일 때가 있었습니다. 아이가 걸음마를 할 때는 아이가 다칠까 봐, 벽에 낙서할까 봐 물건을 숨기고 치우느라고 애를 쓰던 때가 있었습니다. 자녀가 처음으로 노란 가방을 메고 놀이방과 유치원을 향해 집을 떠나는 것이 신기하기도 했습니다. 처음으로 학교에 입학하던 날 엄마 아빠는 사진기를 들고 많은 아이들 중에서 유달리 예쁜 내 아이에 초점을 맞추어 사진을 많이도 찍었습니다. 이때부터 부모는 아이의 '학교 공부'와 씨름을 시작했습니다. 그러는 동안 자녀는 중학교와 고등학교를 통과합니다.

사춘기에 접어든 자녀는 어제까지도 그렇게 밝고 귀엽고 재잘거리더니 언제부턴가 말이 없어지고 이유를 알 수 없는 짜증과 분노를 표출하기도 합니다. 어제까지도 부모의 도움에 의존하던 자녀는 이제는 혼자서 모든 것을 할 수 있다고 주장합니다. 우리 부모의 눈에는 아직도 미숙하게 보일 뿐인데 말입니다. 그러나 이제 때가 된 것입니다. 지금부터 부모의 역할은 자녀를 잘 독립시키는 것입니다. 부모를 잘 떠나갈 수 있도록 굳게 잡았던 손을 놓아 주어야 하는 것입니다. 가게 하십시오. 놓아주십시오. 떠나보내십시오. 그것이 부모 역할의 마지막 과제인 것입니다.

1. 가족의 구조 조정 시기

가정생활에도 때와 주기가 있습니다. "천하에 범사가 기한이 있고 모든 목적이 이룰 때가 있나니 날 때가 있고 죽을 때가 있으며 심을 때가 있고 심은 것을 뽑을 때가 있으며"(전도서 3:1~2). 이 말씀처럼 가족에도 역사와 주기가 있습니다. 그리고 주기마다 발달의 위기와 과제가 있습니다. 자녀가 성장할수록 부모의 과제는 어떻게 자녀를 잘 떠나보낼 것인가 하는 것입니다.

자녀가 청소년이 되면 부모는 중년을 넘어섭니다. 또한 조부모는 노령에 접어들면서 한 분씩 세상을 떠납니다. 사춘기와 사추기의 충돌이 생기는 시기입니다. 이러한 시기에는 가족 구성원 모두가 변화와 적응이라는 어려움을 겪습니다. 그것은 성장과 성숙을 위한 진통이기도 합니다.

이 시기에 필요한 것은 유연성과 변화를 받아들이는 열린 마음입니다. 변화는 생명체의 특성입니다. 변화는 건강한 사람의 특징입니다. 경직성과 고집으로는 이 시기를 통과하기 어렵습니다. 자녀에게 더 이상 우리가 필요하지 않는다는 것을 받아들여야 합니다. 아니, 의도적으로 자녀에게 자립심과 책임감을 점점 부여해 주어야 합니다. 젊은 사람들에게 자리를 내주는 세내교체가 필요한 것입니다. 가족의 구조 조정이 필요한 것입니다.

for parents

사추기란

사춘기가 청소년기에 겪는 정체성의 위기라고 한다면 사추기는 중년에 들어서면서 새삼스레 겪는 정체성 위기를 말합니다. 그동안 자녀에게만 집중하고 살아왔다면 자녀가 집을 떠날 때 '나는 지금까지 무엇을 하고 살아왔나' 하고 자문하며 큰 허무감을 느끼게 됩니다. 사추기를 예방하려면 평소에 하나님이 주시는 삶의 의미를 찾아야 합니다.

2. 자녀를 떠나보내기가 힘들다면

1. '속박' 가정

건강한 가정이란 가족 간의 유대감뿐 아니라 개인성도 함께 존재하는 가정입니다. 개인성이 허용되지 않는 가정을 '속박' 가정이라고 부릅니다. 이러한 가정에서는 개인성을 가진 사람을 배반자 또는 이기적인 사람으로 매도해 버립니다. 그러나 개인성이 말살된 유대감은 결코 건강한 것이 아닙니다. '속박' 가정에서는 부모가 자녀에게 지나치게 집착합니다. 그리고 집착을 사랑으로 착각합니다.

또한 자녀를 강요하고 간섭하고 조종하며 구속합니다. "내가 너를 어떻게 키웠는지 아니?" 하고 죄책감을 주면서 독립을 허용하지 않습니다. 자녀를 부모의 소유처럼 생각합니다. 자녀는 부모가 하라는 대로 무조건 순종해야 합니다. 부모에게 이의를 제기하는 것은 있을 수 없습니다.

'속박' 가정은 사랑과 관계에 대한 미진한 부분이 늘 남아 있습니다. 서로에게 강하게 밀착하다가, 어떤 때는 서로를 지나치게 부담스러워합니다. 그래서 사랑과 미움이 공존하기도 합니다. 어쨌든 '속박' 가정에서는 자녀가 성장해도 독립하기가 어렵습니다. 그래서 새로운 출발을 할 수 없습니다.

2. 배우자화된 자녀

건강한 가정은 부부가 중심인 가정입니다. 부부가 일체가 되어 자녀를 양육하여 자녀 나이가 20세 정도가 되면 자기의 길을 찾아갈 수 있도록 도와주는 가정이 건강한 가정입니다.

그런데 만일 부부 사이가 좋지 않으면 그러한 독립이 어렵습니다. 자녀를 길러 오는 동안 배우자에게서 충족되지 못한 위로와 소망을 자식에게서 찾았기 때문입니다. 그러한 가정에서는 자녀 역시 부모를 떠나기가 어렵습니다. 부모가 "너 하나 바라보

for parents

부모화와 배우자화

가족 치료 용어로서 부모화는 자녀가 가족 안에서 부모가 해야 하는 양육적인 역할을 떠맡아 부모 역할을 대행하는 경우를 말합니다. 또 부모(남편 또는 아내) 중에서 약해진 한쪽 편의 부모를 보살펴줌으로써 정서적으로 배우자 역할을 감당하고 있는 경우를 배우자화라고 부릅니다. 흔히 '착한 아이'로 불리우지만 내면으로는 과중한 부담을 안고 살아갑니다.

고 살았다." 하고 말하면 자녀는 더욱 떠나가기가 어렵습니다. 독립하고자 하는 마음조차 불효처럼 생각되어 죄책감까지 느끼기 때문입니다.

어떤 아버지가 어머니와 딸을 남겨 둔 채 다른 여자를 얻어 나가 버린 경우가 있었습니다. 어머니는 남편에 대한 미움과 한을 가슴에 안고 살았는데, 그 미움과 한은 어느새 딸의 가슴에 고스란히 전수되었습니다. 딸은 성장해서 결혼할 나이가 되었지만, 어머니를 떠나기가 어렵습니다. 혼자 남은 어머니에 대한 부담감으로 새로운 출발이 어려운 것입니다. 평생 불행했던 어머니를 어떻게든 행복하게 해 드리고 싶은 마음이 지배적이기 때문입니다. 부모의 불행 때문에 건강한 독립과 떠남이 어려운 사례입니다.

자녀를 진정 사랑한다면 부모의 불행을 전수하지 마십시오. 자녀에게 한을 심어 주지 마십시오. 그러려면 부모로서 내가 먼저 회복되어야 합니다. 과거에 용서할 사람이 있으면 용서하십시오. 용서는 과거를 끊는 하나님의 선물이며 명령입니다. 그리고 자녀에게 행복의 선물을 전달하십시오. 자녀의 새로운 출발을 위해 축복의 말을 전달하십시오. "우리는 불행했지만 너는 행복할 거야. 하나님 안에 있으면 이제 불행은 끝이란다." 하고 축복해 주시기 바랍니다.

3. '떠나보내기'를 힘들게 하는 7가지 신화

신화(myth)란 어떤 사회나 가족이 오랫동안 무비판적으로 받아들여 고수하고 있는 근거 없는 통념을 말합니다. 우리가 믿고 있는 거짓말과도 같습니다. 이런 신화 탓에 부모는 자녀를 떠나보내기 어렵고, 자녀는 부모에게 독립하기 어렵기도 합니다.

1. "떠나보냄은 자녀와의 관계가 끊어지는 것이다."

어떤 부모는 자녀를 떠나보내라는 말을 듣고는 매우 화를 내기도 합니다. 마치 자녀가 우리를 영영 떠나가는 것이 아닌가, 그래서 부모 자녀 관계를 끊으라는 것이 아닌가 생각하기 때문입니다. 자녀 역시 '독립'이라는 말에 매우 예민한 반응을 보이며 불편해하는 경우가 있습니다. 그러나 '떠나보냄'과 '독립'이라는 말은 관계의 단절을 의미하는 것이 결코 아닙니다. 오히려 진정한 '떠남'이 이루어져야 부모 자녀 관계는 더욱 상호적이며 인격적이며 성숙한 관계로 승화될 수 있는 것입니다.

2. "자녀들은 부모의 소유이다."

물론 부모들은 겉으로는 "나는 자녀를 나의 소유로 생각한 적이 없다." 하고 말합니다. 하지만 무의식적으로는 자녀는 부모가 원하는 대로, 부모의 방식대로, 부모의 틀에 어느 정도 맞추어 살아주어야 한다고 생각하는 것입니다. 그래서 자녀가 자신만의 길을 걸어가려 하면 섭섭해하고 분노하는 것입니다. 비록 우리 속에서 나온 자녀이지만, 자녀는 부모의 분신이나 소유가 아닙니다. 부모는 일시적으로 자녀 양육을 맡은 청지기일 뿐입니다.

3. "자녀는 영원히 우리 곁에 머물러 있을 것이다."

"자녀는 결코 우리 곁을 떠나지 않을 것"이라는 생각은 막연한 생각입니다. 성경에 나타나는 야곱의 이야기를 살펴볼까요? 유달리 야곱을 편애하던 어머니 리브가는 아들이 그렇게 자기 곁을 훌쩍 떠나가 버릴 것이라고는 전혀 생각하지 못했을 것입니다. 그저 잠시 형의 원한을 피하라고 내보냈는데, 리브가는 그 이후로 결국 아들을 영영 보지 못했습니다. 또한 부득이 엄마 곁을 떠나게 된 야곱은 그제야 홀로서기를 통해 하나님을 일대일로 만나기 시작합니다. 그렇습니다. 인생을 살다 보면 이러저러한 이유로 자녀는 갑자기 우리의 곁을 떠나가는 것입니다.

4. "자녀는 내가 바라는 이상적인 삶을 살아 줄 것이다."

부모는 자녀를 키우면서 여러 가지 그림을 그립니다. '의사가 되면 어떨까?' '법관이 되면 어떨까?' 아니면 '목사가 되면 어떨까?' 하는 꿈을 가집니다. 그러다 자녀가 전혀 생각하지 않았던 길을 걸어갈 때, 부모는 몹시 실망합니다. 그래서 자녀를 마음껏 축복하며 떠나보내기가 어려운 것입니다. 여전히 미진한 기대 때문에 자녀를 떠나보내는 과업을 유보하는 것입니다. 그러나 부모의 꿈을 자녀에게 덮어씌우지 마십시오. 자녀를 향하신 하나님의 뜻과 계획을 기대하십시오. 세상적인 성공과 허영을 내려놓을 때, 진정한 떠나보냄이 시작됩니다.

5. "자녀가 나를 행복하게 해 줄 것이다."

부모로서 스스로 행복한 삶을 영위하지 못했을 경우에는 더욱 간절히 '자식이 나의 불행을 보상해 줄 것이다.' 라고 믿습니다. 그러한 기대감은 자녀의 떠남과 발전을 방해합니다. 자녀에게 행복의 근원을 두는 것은 일종의 우상입니다. 자녀가 나를 행복하게 해 줄 수 없습니다. 특히 스스로 공허감이 많은 부모가 자식을 떠나보내기 힘들어 합니다. 영원한 행복을 주시는 분은 오직 지금도 조건 없는 사랑을 부어 주시는 창조주 하나님이신 것을 잊지 마십시오. 주님의 사랑 안에서 행복을 찾아가는 부모는 자녀를 마음껏 떠나보낼 수 있는 것입니다.

6. "자녀가 자신을 책임질 수 있을 만큼 성숙해지면 그때 떠나보낼 것이다."

"누군들 자식을 떠나보내고 싶지 않겠습니까? 하지만 지금은 아직 철이 없습니다." 하고 말하는 부모님이 계십니다. 더욱 성숙해지면 떠나보내겠다는 것이지요. 그러나 사실은 순서가 바뀌었습니다. 부모가 손을 놓아야 자녀가 성숙해지고 책임감도 배우는 것입니다. 예수님은 미숙하기 짝이 없는 제자들의 곁을 과감하게 떠나셨습니다. 예수님이 떠나신 다음에야 제자들은 주님의 말씀을 기억했고, 주님의 사랑을 깨달았습니다. 부모 눈에는 아직 미성숙해 보여도 자녀를 과감하게 떠나보내십시오. 자녀가 빨리 성숙해지기를 원한다면 오히려 일찍 떠나보내십시오.

7. "자녀는 내가 없으면 안 된다."

어떤 어머니는 노총각 아들을 위해 평생 밥과 빨래를 해 주며 뒷바라지합니다. 자식을 위해 놀러 가지도 못하고 엄마의 자리를 지킵니다. 자식의 사업 자금과 빚을 갚아 주기 위해 궂은일을 하러다니는 나이 든 어머니도 보았습니다. "내가 죽으려 해도 저 자식 때문에 눈을 못 감는다." 하고 말하기도 합니다.

그러나 생각해 보십시오. 언제까지 도와줄 것입니까? 만일 내가 없어지면 자식이 굶을까요? 사실은 반대입니다. 그렇게 헌신적인 어머니가 돌아가신 다음에야 홀로서기를 시작하는 자녀도 있습니다. 그제야 부모를 떠난 삶을 살아가기 시작하는 것입니다. 부모의 자녀 양육 역할은 임시직입니다. 자녀가 성인이 되면 손을 놓는 것입니다. 우리보다 강하신 하나님 손에 자녀를 의탁하십시오. 자녀를 떠나보내십시오.

⚠ **여기서 잠깐** 내가 가지고 있는 신화는 무엇일까요?

4. 떠나보냄을 위한 10가지 마음가짐

그렇다면 진정한 떠나보냄을 위해 어떠한 마음가짐을 준비해야 하는 것일까요.

1. 떠나보냄은 아이가 태어나는 순간부터 시작되는 과정입니다

떠나보냄은 자녀가 18세가 되었을 때 시작되는 것이 아닙니다. 자녀를 떠나보낸다는 것은 아기가 태어나는 순간부터 시작되어야 하는 과정인 것입니다. 결국 자녀가 우리 품을 떠난다는 것을 염두에 두고 사랑을 부어 주는 것이며, 엄격한 훈계를 시행하는 것이며, 충분한 양육을 주는 것입니다.

2. 떠나보냄은 스스로 배우며 성숙하도록 돕는 것입니다

어린 자녀에게 세 발 자전거를 가르치던 시절을 기억해 보십시오. 언제까지 붙들고 있기만 하면 자녀는 자전거 타기를 배울 수 없습니다. 엄마 아빠가 손을 놓아야 스스로 배웁니다. 넘어질 것 같지만 놓아 주어야 합니다. 때로는 넘어질 수도 있습니다. 그러나 넘어지는 것도 배움의 과정입니다. 스스로 배우며 성숙할 기회를 주는 것이 떠나보냄입니다.

3. 지시와 잔소리와 간섭을 의도적으로 점점 느슨히 해야 합니다

떠나보냄은 한순간에 이루어지는 것이 아닙니다. 끊임없이 자녀에게 간섭하고 지시하는 습관을 가진 부모가 어느 날 갑자기 떠나보냄을 성취할 수는 없는 것입니다. 그날을 위해 지금부터 잔소리를 줄여 나가십시오. 자녀에게 자립심과 독립심을 키워 주기 위해 지금부터 이래라 저래라 하는 지시를 멈춰 보십시오.

4. 감사 표현을 점점 많이 사용하세요

성장하는 자녀에게 잔소리하고 요구하기보다는 "고맙다." "그

for parents

더 큰 사랑, 떠나보내는 사랑

"가라는 것은 돌보지 않는 것이 아니요, 내가 너 대신 해 줄 수 없다는 것이다. 가라는 것은 관계를 끊는다는 것이 아니요, 내가 너를 통제할 수 없다는 것이다. 가라는 것은 나의 한계를 인정하는 것이요, 나는 나 자신만 변화시킬 수 있다는 것이다. 가라는 것은 두려움 없이 너를 더욱 사랑하는 것이다.

–찰스 스윈돌, 《은혜의 각성》

래." "난 너를 믿는다." "참 좋구나." 하는 표현을 점점 많이 해 보십시오. 관계 전환이 일어날 것입니다. 어린 자녀들이 부모의 생일잔치를 마련해 줄 때, 그 작은 친절과 선물에도 "정말 감사하구나." 하는 표현을 잊지 마십시오. 감사를 많이 표현할수록 자녀와의 관계는 새로워집니다.

5. 부모 자신의 성장을 추구하세요

자녀의 독립 시기를 가장 잘 통과하는 비결은 부모 자신이 근본적인 변화를 갖는 것입니다. 자식이 떠난 다음에도 삶은 있습니다. 빈 둥지를 부부의 우애적 사랑으로 채우십시오. 훨씬 한가해진 시간을 배움의 시간으로 활용하십시오. 새로운 변화와 성장에 도전하십시오. 자녀만 독립하는 것이 아니라, 부모 역시 홀로서기를 하는 것입니다.

6. 자녀에게 상처 준 일이 생각나거든 용서를 구하세요

어떤 아빠가 어른으로 성장하는 아들을 바라보며 사건 하나가 기억났다고 합니다. 주저와 망설임 끝에 "너 혹시 기억나니? 아빠가 네가 어렸을 때 허리띠로 너를 많이 때린 적이 있었는데…." 하고 물었답니다. "기억나냐구요? 한번도 잊어 본 적이 없는걸요." 하는 아들의 대답에 아빠는 당황했습니다. 하지만 다시 용기를 내어 "아빠가 잘못했다. 그것은 아주 잘못된 것이란다. 미안하다. 아빠를 용서해 주렴." 하고 말했답니다. 그랬더니 아들의 얼굴에 어느새 눈물이 맺히며 오히려 아빠를 향한 감사와 존경의 표정이 깃들더라는 이야기입니다.

자녀를 진정 떠나보내려면 상처 준 사건에 대해서 화해해야 합니다. 자녀에게 용서 구하기를 주저하지 마십시오. 그것은 용기 있는 일입니다. 용서를 구하면 오히려 부모로서의 진정한 권위를 회복할 수 있습니다.

for parents

부모를 용서하기
나를 용서하기

"자기 자신을 미워하지 않으면서 부모를 미워하는 사람은 한 명도 없다." 자신의 부모를 미워하는 사람은 자기 증오로 갈등하고 있을 확률이 높다. 반대로 부모를 용서하고 사랑할 수 있다면, 자기 자신의 부족함에 대해서도 용서하고 사랑할 수 있을 것이다.

– 데이빗 스툽 & 제임스 메스텔러

7. 부모가 겪을 수 있는 후회감과 상실감 등을 피하지 마세요

자녀가 우리 품을 떠나는 동안 우리 부모는 복합적인 감정을 경험합니다. 텅 빈 방을 들여다보면서, 더 이상 우리의 존재를 필요로 하지 않는 자녀를 바라보면서 느끼는 첫 번째 감정은 허전함과 상실감입니다. 어떤 때는 분노를 느끼기도 합니다. 그러다가 깊은 후회감과 죄책감에 사로잡히기도 합니다. '좀 더 잘 키웠더라면, 그때 이렇게 했더라면….' 하는 안타까움으로 눈물을 흘리기도 합니다.

중요한 것은 그러한 감정들을 자녀에게 쏟으면 안 된다는 것입니다. 그러한 태도는 자녀에게 부담과 죄책감을 전가하면서 다시 조종하는 것이기 때문입니다. 그냥 그러한 감정들을 '그런 거구나.' 하고 수용하십시오. 그리고 하나님께 올려 드리십시오. 자유하십시오. 이 세상에 완전한 부모는 없습니다. 완전한 삶을 산 사람도 없습니다. 그것이 삶의 현실입니다. 이제 자녀를 사랑하는 법과 지혜를 터득할 만한데, 퇴직을 권고당한 것과도 같습니다. 그러나 그것이 세상의 이치라는 것을 여유 있게 받아들이십시오.

8. 하나님의 사역에 헌신하세요

지금까지 내 자녀만을 바라보며 살았다면 이제 고개를 들어 세상을 바라보십시오. 삶의 지경을 넓히십시오. 사실 내 자녀에게만 사랑을 쏟았던 일은 어찌 보면 이기적인 사랑에 지나지 않습니다. 성장하는 자녀는 모든 것을 이해합니다. 부모가 크리스천으로서 진정한 사랑과 봉사의 삶을 살았는지, 아니면 교회만 왔다 갔다 하면서 자식들에게만 물질과 헌신을 쏟았는지가 드러날 때가 올 것입니다.

인생의 전반부 삶을 어떻게 사셨든지 간에 이제부터 후반부의 삶을 준비하십시오. 자녀를 떠나보내는 시기는 인생의 하프타임과도 같습니다. 남아 있는 후반부를 위해 하나님의 사역을 준비

for parents

진정한 포기

"놓쳐서는 안 되는 것이 있고, 아무리 붙잡으려 해도 붙잡을 수 없는 것이 있다. 놓쳐서는 안 되는 것을 위하여, 결코 붙잡을 수 없는 것들을 포기하는 사람들은 바보가 아니다."

–짐 앨리어트

하십시오. 자녀에게 물질을 남겨 주면 형제자매끼리 돈 싸움만 벌이는 것을 자주 목격하고 있지 않습니까? 자녀를 진정 사랑한다면, 그리고 그들을 잘 떠나보내려면, 영적 자녀들을 돌보는 삶을 계발해 보십시오. 자녀들만 바라보지 말고 어려운 사람들과 사역을 위해 시간과 물질을 투자하십시오. 그런 부모의 모습을 지켜보면서 자녀는 자신의 삶도 다시 돌아볼 것입니다. 그리고 부모 곁을 떠날 때는 '나는 훌륭한 부모를 가졌다.' 는 값진 유산을 가져갈 것입니다.

9. 아름다운 추억을 나누세요

기회가 있을 때마다 자녀와 함께했던 지난날의 추억을 나누어 보십시오. 특히 아름다웠고, 감사했고, 기뻤던 날들에 대해 이야기를 들려주십시오. 추억의 앨범을 만들어 보십시오. 자녀의 어릴 적 그림, 서투른 글씨, 재미있는 일기, 귀여운 사진들, 부모가 써 주었던 사랑의 쪽지, 자녀를 위한 기도 제목 노트 등을 함께 모아 추억의 선물을 마련해 주십시오. 그리고 삶의 어려운 위기 때마다 하나님이 어떻게 도우셨는가를 나누어 주십시오. 추억의 앨범을 전달하며 자녀를 아름답게 떠나보내십시오.

10. 자녀가 하나님을 일대일로 만날 수 있도록 기도하세요

이제 자녀를 보호하고 양육하는 부모로서의 사명을 끝낸 것입니다. 청지기의 역할을 끝내고 자녀를 주님 손에 돌려 드리는 것이 자녀를 떠나보내는 것입니다. 부모 역할을 잘했든지 못했든지 간에 우리의 역할은 끝난 것입니다.

그러나 염려하지 마십시오. 우리는 자녀를 전능한 하나님 손에 올려 드리는 것입니다. 우리 부모보다 완전하실 뿐만 아니라, 자녀를 더 완전하게 사랑하시는 영원한 아버지께 자녀를 돌려 드리는 것입니다. 하나님은 우리 부모를 야단치시지 않습니다. 우리의 하나님은 우리가 연약함을 고백하기만 하면 언제든지 다시 회복을 주시는 자비의 하나님이심을 잊지 마십시오.

전능하신 하나님이 내 자녀를 만나 주시기를 기도하십시오. 자녀가 창조주 하나님만 인격적으로 만난다면 모든 것은 회복될 것입니다. 우리가 주었던 상처도 주님 사랑 때문에 치유될 것입니다.

지금 부모가 할 수 있는 일은 자녀를 위한 중보자의 역할입니다. 한 자녀 한 자녀가 하나님을 일대일로 만날 수 있도록 끊임없이 기도하십시오. 세상적인 성공과 물질적인 부유보다 자녀의 신앙을 위해 쉬지 말고 기도하십시오. 그것이 자녀를 떠나보내는 부모의 마지막 사명인 것입니다.

5. 성경 속의 떠남 이야기

기독교는 실로 떠남의 이야기로 가득 차 있습니다. 하나님은 아브람에게 "본토 친척 아비 집을 떠나 내가 네게 지시할 땅으로 가라"(창세기 12:1)고 명령하셨습니다. 또 엄마의 품에 머물렀던 야곱을 장차 이스라엘로 만드시려고 형 에서를 피해 부모 곁을 떠나게 하셨습니다. 또 아버지 품에서 편애받던 요셉을 장차 애굽의 총리 대신으로 만드시기 위해 떠남의 사건을 연출하셨습니다. 그러나 그 무엇보다 감격스런 떠남의 이야기는 하늘 보좌를 버리고 이 땅에 내려오신 예수님의 떠남 이야기입니다. 주님의 떠남 때문에 우리 모두는 은혜로 구원받게 된 것입니다.

또 예수님은 제자들을 끝까지 사랑하신 뒤에, 그들을 세상으로 떠나보내셨습니다. "아버지께서 나를 보내신 것 같이 나도 너희를 보내노라"(요한복음 20:21)고 말씀하시며 세상으로 파송하셨습니다. 지금도 주님의 사랑을 입은 주의 제자들은 주의 명령에 순종하여 세상으로 떠나고 있습니다. 수없이 많은 선교사들이 사랑하는 부모와 조국을 떠나 이방 땅으로 떠나고 있습니다.

실로 기독교는 떠남의 이야기입니다. 우리의 자녀들을 통해서도 아름다운 떠남의 선교 이야기가 계속되기를 기도합시다. 떠남은 축복이기 때문입니다. "그러므로 너희는 가서 모든 족속으로 제자를 삼아 아버지와 아들과 성령의 이름으로 세례를 주고 내가 너희에게 분부한 모든 것을 가르쳐 지키게 하라 볼지어다 내가 세상 끝날까지 너희와 항상 함께 있으리라 하시니라"(마태복음 28:19-20).

나·눔·과·토·론

1. 내 가정에 남아 있는 '속박' 가정의 요소는 무엇인가요? 그것을 어떻게 치유하면 좋을까요?

2. 자녀를 떠나보내지 못하게 하는 신화 중에 내가 가지고 있었던 것은 무엇인가요?

3. 나는 왜 자녀를 떠나보내지 못할까요?

4. 내 자녀는 왜 부모를 떠나지 못하고 있을까요?

5. 아직 자녀가 어리다면 떠나보냄을 위해 지금 어떤 준비를 해야 할까요?

6. 자녀를 떠나보내는 편지를 써 보세요. 지금 써 보시고 쓰신 다음 서로 나누어 보세요. 뒷 쪽에 편지지가 준비되어 있습니다.

기·도·제·목

이번 만남을 통해 하나님께 올려드려야 할 기도 제목을 적습니다.

Workshop

떠나보냄의 편지 쓰기

내일이 자녀의 결혼식이라고 가정하고
결혼식을 앞둔 자녀에게 떠나보냄의 편지를 써 보세요

아직 자녀가 어리더라도 떠나보냄의 편지를 써 보십시오. 이것은 떠나보냄의 예행연습이 될 수 있을 것입니다. 떠나보냄의 편지에 잔소리와 지시와 충고와 설교는 금물입니다. 죄책감도 주지 마십시오. '속박'이 아닌 자유를 허용하는 내용을 적으십시오. 그리고 감사와 축복, 용서를 구하는 내용이 들어가야 합니다.

사랑하는 아들 다니엘아.

네가 태어나던 때가 엊그제 같은데 벌써 장성하여 우리 품을 떠나는 날이 오고야 말았구나. 이렇게 빨리 떠나가는 줄 알았다면 너와 함께 있었던 순간들이 얼마나 더 소중하다는 것을 알았을 텐데…: 그러나 우리는 너로 인해 행복했단다. 너는 우리에게 늘 기쁨과 행복이었단다. 고맙고 감사하다. 그런데 혹시 엄마 아빠가 너의 마음을 아프게 하고 상처준 것은 없었니? 왜 없었겠니. 우리도 알고 보면 연약하고 부족한 사람들이었단다. 기억나는 상처가 있다면 우리를 용서하고 떠나렴.

사랑하는 아들아, 이제는 마음껏 떠나거라. 우리 염려는 하지 말거라. 우리는 예수님 믿으며 잘 살터이니, 너는 네 아내를 힘껏 사랑하면서 세상과 하나님 나라를 위해 기여하는 삶을 살 줄 믿는다. 너의 엄마 아빠 역할을 할 수 있었던 것이 우리에게는 참으로 큰 축복이었단다.

아들아, 사랑한다. 축복한다. 그리고 고맙다.

너의 결혼을 축하하면서, 사랑하는 엄마 아빠가.

상·담·코·너

Q 요즘 25살의 딸이 사귀는 남자가 있습니다. 한 번 만나 보았는데, 여러 가지로 도무지 마음에 들지 않습니다. 정말 싫고 화가 납니다. 어떻게 막아야 할지 도와주세요.

A 자녀는 평생 기도 제목인 것 같습니다. 좀 성장하면 염려가 없어질 것 같았는데, 이젠 배우자 선택이 걱정입니다. 사실 결혼은 무엇보다 중요한 일이기 때문에 자녀가 중학생만 되어도 함께 기도해야 합니다. "하나님, 우리 아들(딸) 잘 성장해서 좋은 배우자를 만나게 축복하옵소서. 아름다운 가정을 만들어서 하나님께 영광 돌리게 하옵소서." 하고 기도해 주십시오. 그러면 자녀는 마음속에 결혼에 대한 중요성을 인식하면서 배우자 선택도 함부로 하지 않을 것입니다.

또한 중요한 것은 부모님의 결혼 생활입니다. 왜냐하면 배우자 선택에는 어떤 의미로든 부모의 부부관계가 반영되는데, 자신도 모르게 부모와 유사한 배우자를 선택하는 경우가 많기 때문입니다. 특히 자기 존중(self-esteem)이 낮은 자녀는 부정적 관계를 반영하는 배우자를 선택하는 경향이 있습니다. 어쨌든 따님이 소개한 남자에 대해 어떤 점이 마음에 들지 않는지 한번 숙고해 보십시오. 혹시나 세상적인 욕심에 의한 것은 아닌지, 또는 부모 자신의 상처에 의한 것은 아닌지 점검해 보십시오.

그러나 정말로 딸을 위한 관점에서 볼 때, 미숙한 선택이라고 생각되면 진솔한 대화를 시도하십시오. 무조건 강하게 반대하면 두 사람이 더 가까워질 수 있다는 것을 유의하십시오. 오히려 "그래, 건강한 교제를 해 보렴. 하지만 신중하게 생각해야 한단다. 결혼이란 평생 갈등과 차이를 극복하는 마라톤이란다. 과연 일평생 신뢰하며 살 수 있겠는지, 깊이 기도하면서 교제해 보렴. 우리도 계속 기도할게." 하고 말해 주십시오.

그리고 기도하십시오. "주님이 예정하신 만남이면 잘 진행되게 축복하시고, 아니면 주님이 막아 주소서." 하고 간구하신다면 하나님이 개입해 주실 것입니다. 그러나 어떤 일이 있어도 자녀를 거부해서는 안 됩니다. 이럴 때일수록 부모의 사랑을 다시 한 번 확인해 주며 표현해 주어야 합니다.

하나님의 축복이 함께하시기를 바랍니다.

아버지의 기도

주님,
내 아이가 이런 사람이 되게 하소서.

자신이 약할 때 강함을 발견하게 하시고
두려울 때 자신을 잃지 않는 용기를 주시고
정직한 패배에 부끄러워하지 않고 당당하며
승리에 겸손하고 온유할 수 있는 사람이 되게 하소서.

하나님을 아는 것이 모든 지식의 근본임을 알게 하시고
원하옵나니 자녀를 평탄하고 안이한 길로 인도하기보다는
고난과 도전에 직면하여 분투 항거할 줄 알도록 인도하여 주옵소서.
그리하여 폭풍 속에서도 용감히 싸울 줄 알며
패한 자를 불쌍히 여길 줄 알도록 가르쳐 주옵소서.

그의 마음이 깨끗하고 높은 이상을 갖게 하시고
남을 다스리기 전에 자신을 먼저 다스리게 하시고
내일을 내다보는 동시에 과거를 잊지 않게 하소서.

이 모든 것 위에 더하여 인생을 엄숙히 살아가면서도 웃고 즐길 줄 아는 마음과
교만하지 않은 겸손한 마음을 갖게 하소서.

자녀에게 겸손함을 주시어 참으로 위대한 것은 소박한 데 있다는 것과
진정한 지혜는 열린 마음이라는 것을
그리고 참된 힘은 온유함에 있다는 것을 기억하게 하소서.

그리하여 아버지로서 나는 인생을 헛되이 살지 않았노라고 나직이 속삭이게 하소서.

by General Douglas MacArthur (May, 1952)